Bernd und Uta Ellermann

# „...und wie läßt du hageln?"

Versicherungsbetrug –
ein Volkssport?

Bernd und Uta Ellermann

# „... und wie läßt du hageln?"

Versicherungsbetrug –
ein Volkssport?

VVW Karlsruhe

Die Deutsche Bibliothek –
CIP-Einheitsaufnahme

**Ellermann, Bernd:**

„. . . und wie läßt du hageln?" : Versicherungsbetrug – ein Volkssport? / Bernd und Uta Ellermann. – 2. Aufl. – Karlsruhe : VVW, 1995

ISBN 3-88487-496-9

NE: Ellermann, Uta:

Alle Namens- und Ortsangaben im Textteil dieser Broschüre sind frei erfunden. Die Identifikationsmerkmale auf den Abbildungen wurden aus Datenschutzgründen unkenntlich gemacht.

© Verlag Versicherungswirtschaft e.V.
Karlsruhe 1995
Druck K. Elser GmbH
Mühlacker
ISBN 3-88487-496-9   2. Auflage 1995
ISBN 3-88487-450-0   (1. Auflage 1994)

# INHALT

| | |
|---|---|
| Vorwort | 7 |
| Die Versuchung lockt | 9 |
| „Mein Pelz ist weg!" <br> Betrügereien ums Eigentum | 13 |
| Der „warme Abbruch" <br> Biedermann und die Brandstifter | 24 |
| Nachbarschaftshilfe <br> Kungeleien bei der Haftpflicht | 32 |
| „Der Finger ist ab!" <br> Makabere Fälle in der Unfallversicherung | 41 |
| Auf Kollisionskurs <br> Schiebereien rund ums Auto | 52 |
| Lockruf des Geldes <br> Tödliche Lebensversicherungen | 69 |
| „Alle Zähne wurden gezogen!" <br> Tricksereien in der Krankenversicherung | 79 |
| „Im Namen des Volkes!" <br> Mauscheleien beim Rechtsschutz | 90 |
| „Nimm Deine Grippe jetzt!" <br> Gratisreisen auf Versicherungskosten | 94 |
| „Mein Boxer biß den Nachbarn!" <br> Tierische Betrugsgeschäfte | 108 |

## VORWORT

Zwei Bauern unterhalten sich. „Ich habe jetzt eine Feuer- und eine Hagelversicherung abgeschlossen", sagt der eine. Meint der andere: „Wie man Feuer macht, weiß ich ja, aber wie läßt du hageln?"

Versicherungsbetrug als Volkssport – das ist das Thema dieses Bandes. Bernd Ellermann hat spektakuläre und kuriose Betrugsfälle in allen Versicherungssparten zusammengetragen, ergänzt mit originalen und originellen Faksimiles, die das Thema authentisch illustrieren.

Der gängige Kalauer „Wie läßt du hageln?" überdeckt eine besorgniserregende Entwicklung. Denn der Versicherungsbetrug greift epidemieartig um sich und ist zu einer erheblichen Belastung der gesamten Versichertengemeinschaft geworden.

## Die Versuchung lockt

„Versicherungen sind die geniale Antwort auf die alte Hoffnung der Menschen nach einem gesicherten Leben ohne Zukunftsängste." Der Autor dieser Zeilen dachte wohl nicht an die Zeitgenossen, die dieser genialen Antwort noch nachhelfen wollen: Immer mehr versuchen, widerrechtlich abzukassieren, Schäden zu erfinden und zu manipulieren, Ansprüche heraufzuschrauben.

Die deutschen Versicherer regulieren – quer über alle Sparten – rd. 50 Millionen Schadenfälle im Jahr. Viele davon sind vorgetäuscht. Da wird die alte Autodelle gleich mitrepariert, der Koffer am Flugplatz geklaut, die Brille vom Nachbarn zertreten, die Ersatzteil-Rechnung aufgemotzt, die einfache Fensterscheibe zur Isolierglasscheibe ernannt, die Kaufhausvase zur Antiquität geadelt und die kleine Prellung zum Schleudertrauma hochgespielt.

Allerdings: Der Weg vom Gelegenheitsschwindler zum Großbetrüger ist nicht weit. Nicht wenige haben aus Habgier schon ihre Häuser angezündet, Einbrüche vorgetäuscht und sogar den eigenen Körper verstümmelt. Eine Menge krimineller Energie wird frei. Manche machen auch vor der Gesundheit und dem Leben anderer Menschen nicht halt und lassen Autos verunglücken, Schiffe versinken oder Flugzeuge abstürzen.

Aber nicht die kriminellen Gewohnheitstäter, sondern die spontanen Amateurschwindler richten die größten Schäden an. Eine Umfrage ergab, daß jeder vierte Bundesbürger von seiner Versicherung mehr Geld gefordert hat, als zur Bezahlung des Schadens notwendig gewesen wäre. Eine neuere Untersuchung geht sogar von höheren Zahlen aus. Danach hat fast jeder dritte Bundesbürger schon mal zugelangt.

Jüngere schummeln häufiger als Ältere, Gutverdienende mehr als Wenigverdienende. Getürkt wird vor allem bei den Haftpflicht-, Hausrat-, Kfz- und Reiseversicherungen. Es gibt daher keine bestimmte Tätersituation oder den typischen Versicherungsbetrüger. Waren es früher mehr Arbeitslose, kleine Handwerker oder hochverschuldete Landwirte, so zieht sich heute die Spur quer durch alle Bevölkerungskreise.

Versicherungsbetrug wird als Kavaliersdelikt verniedlicht. Vielen fehlt das Unrechtsbewußtsein. „Ich habe soviel eingezahlt, jetzt will ich auch was zurückbekommen", „Es trifft ja keine Armen", „Die sind so pingelig", „Es geht ja so leicht", „Die haben's ja!" – das sind die Standard-Ausreden. Dahinter stehen Habgier, Gewinnsucht, Schulden, Verärgerung, Rachegedanken.

Volkssport Versicherungsbetrug? Die Mitnahme-Mentalität, die Versuchung, abzuzocken, ist überall spürbar. Dennoch sollte man nicht vergessen, daß weitaus die meisten Kunden den Versicherungsbetrug ablehnen und von der Assekuranz erwarten, daß sie ihm nachspürt. Denn es wächst auch die Erkenntnis, daß die Ehrlichen letzten Endes die Zeche zahlen. Mehrausgaben müssen von allen finanziert werden. Immerhin unterstellt man einen Betrugsverlust von mindestens 5 Milliarden DM jährlich in der Bundesrepublik (das wären mehr als 60 Mark je Bundesbürger). Einige Fachleute rechnen weit höher und gehen davon aus, daß etwa 10 – 20 % aller Fälle nicht astrein sind. Klar ist: Dem „Massendelikt" Versicherungsbetrug kann man nur mit einem tiefgreifenden Werte- und Bewußtseinswandel in der Bevölkerung wirksam begegnen.

In London klärten z. B. die Verkehrsbetriebe gemeinsam mit den Massenmedien die Bevölkerung auf, daß Schwarzfahren allen Fahrgästen schadet. Gleichzeitig wurden die Fahrscheinkontrollen verschärft. Beide Maßnahmen brachten Erfolg. Ähnliches gilt für das Thema Versicherungsbetrug: Aufklären über die Folgen und gleichzeitig stärker aufpassen – das sollte die Devise sein.

Natürlich können die Sachbearbeiter nicht jeden Fall exakt abchecken. Dies wäre auch nicht im Sinne einer serviceorientierten Schadenbearbeitung. Aber: Die Unternehmen veranlassen verstärkt Stichproben, richten Betrugsreferate ein, schulen ihre Regulierer, Betrugsindikatoren frühzeitig zu erkennen. Viele „Schädlinge" – wie die Schadensachbearbeiter intern manchmal genannt werden – haben eine richtige Spürnase entwickelt, riechen geradezu, wo etwas faul sein könnte.

„Die Chance, ertappt zu werden, ist 50mal geringer als bei einem Bankraub", schrieb kürzlich eine bekannte Wirtschaftszeitung. Ein zwielichtiger Vergleich. Die Assekuranz setzt alles daran, die Entdeckungsquote zu erhöhen – zum Beispiel mit dem Einsatz elektronischer Datenbanken. Dubiose Fälle werden in entsprechenden Dateien erfaßt, wobei datenschutzrechtliche Erfordernisse berücksichtigt werden.

Zudem werden versicherungstechnische Gegenmaßnahmen (z. B. differenzierte Selbstbehalte, zurückhaltendere Neuwertregelungen, Deckungslimitierungen, bessere Methoden zur Einschätzung des Antragsrisikos usw.) entwickelt oder gemeinsame Institutionen zur Bekämpfung des Versicherungsbetrugs angestrebt. In Österreich gibt es etwa ein gemeinschaftliches Büro, die Assekuranz in der Schweiz hat ein Zentrales Informationssystem (ZIS) eingerichtet. Die französischen, kanadischen und niederländischen Versicherungsverbände haben zentrale Strafverfolgungsstellen installiert.

In den USA rechnet man damit, daß jeder Dollar, der zur Aufdeckung investiert wird, zwischen 6 – 15 Dollar wieder einbringt. Gerade beim professionellen Betrüger ist das Risiko, entdeckt zu werden, immer größer geworden.

Schließlich wird die Zusammenarbeit mit den Strafverfolgungsbehörden intensiviert. Immer mehr Anzeigen landen beim Staatsanwalt. Und die Richter bewerten auch den alltäglichen Versicherungsbetrug – wie die Urteile zeigen – längst nicht mehr als Kavaliersdelikt. Immer öfter gibt es empfindliche Geldstrafen, Eintrag ins Vorstrafenregister und – ab einem bestimmten Level – abschreckende Haftstrafen . . .

# „MEIN PELZ IST WEG!"

**Betrügereien ums Eigentum**

In der Hausrat- und Gebäudeversicherung geht es hoch her. Pelze verschwinden, Tresore werden geknackt, Rechnungen manipuliert, falsche Belege untergeschoben, Wertsachen versinken im Wasser, Glasscheiben splittern, Weihnachtsbäume brennen... Besonders Einbrecher schlagen zu. Ein Kriminalkommissar aus Dortmund: „Jeder zweite Einbruch ist vorgetäuscht, leider kaum beweisbar." Echte Schäden – ob durch Einbruch, Sturm, Leitungswasser, Feuer – werden zu „Katastrophen" aufgebauscht oder Schadenereignisse schlicht erfunden.

**Umfrisiert.** Die Diebe durchwühlten Aktenordner und Bücher, knackten verschlossene Schubladen und fledderten Kleiderschränke. Bei dem Bruch wurden nach Angaben des Hauseigentümers 340 Mark Bargeld, fünf Euroschecks, eine Kamera, silberne Bestecke sowie eine Schweizer Markenarmbanduhr im Wert von 1 170 Mark erbeutet. Als Beleg für den Chronometer reichte der Bestohlene bei seiner Versicherung die handschriftliche Rechnung eines Fachgeschäfts ein. Die Quittung über den Kauf einer Uhr im Wert von 170 Mark hatte er durch eine hinzugefügte 1 mal eben um 1 000 Mark frisiert.

**Vasen-Unfall.** Soviel Pech auf einmal – da wurden die Versicherungsgesellschaften stutzig. Insgesamt meldete ein Werbefachmann innerhalb von fünf Jahren 36 Schäden bei verschiedenen Gesellschaften. Dafür kassierte er 500 000 Mark. Meist hatte er eine teure chinesische Vase im Wagen, die bei seinen Unfällen zu Bruch ging. Die Versicherungen zahlten, wenn er die Rechnungskopie einreichte. Bis man feststellte: es war immer dieselbe!

**Verbohrt.** „Einbrecher haben den ganzen Schmuck meiner Frau gestohlen" – mit diesen Worten empfing ein Wohnungseigentümer die Polizei: Er verwies auf das aufgebohrte Zylinderschloß an der Wohnungstüre. Ein Protokoll wurde aufgenommen, alles schien Routine. Bis ein Polizist das Schloß nochmals ansah: Es war von innen aufgebohrt. Bei der späteren Gerichtsverhandlung wollte der Richter den Grund dafür wissen. Der Hobbybastler: „Ich wollte die Nachbarn nicht stören!"

| Versicherungsschein-Nr. | Schaden Nr. |
|---|---|
| 316 438 / A | |

## Schadenanzeige für Hausratversicherungen

☒ **Feuer**
○ **Einbruchdiebstahl**
○ **Fahrraddiebstahl**
○ **Diebstahl aus Kraftfahrzeug**  (Zutreffendes ankreuzen)

| Wie | 12. ist der Schaden entstanden? (Bitte eine möglichst genaue Schilderung) |

*Wir packten die Weihnachts-
geschenke aus. Plötzlich
brannte der Weihnachtsbaum
und die Kinder schrien nur
noch!*

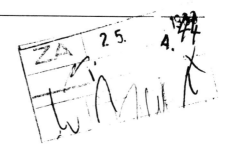

Ergreifend beschrieb Karl-Heinz S. das furchtbare Ereignis am Heiligabend. Nur: Im Vorjahr war der gleiche Weihnachtsbaum-Brandschaden gemeldet worden – mit fast den gleichen Worten.

**Polaroidbeweis.** Peter K. legte seinem Hausratversicherer Belege für entwendete Schmuckstücke von rund 7 500 DM vor. Wie sich herausstellte, waren die Gefälligkeitszertifikate von einem Juwelier. Zudem legte er auch ein Polaroid-Photo eines angeblich gestohlenen Teppichs vor. Nur: Der Polaroidfilm war erst nach dem behaupteten Einbruchdiebstahl hergestellt worden.

**Doppelgeschäft.** Klaus R. aus Frankfurt meldete einen Glasschaden über 2 000 DM. Bei einer anderen Versicherung manipulierte er den gleichen Schaden als Haftpflichtfall. Beide Gesellschaften zahlten. Weil das so gut ging, wiederholte er den Coup. Doch dann ging's daneben, weil er Rechnungen und Versicherungsgesellschaften verwechselte...

**Fahrradmüll.** Für Saskia T. war das Jugendfahrrad zu klein geworden. Ihre Mutter stellte den Drahtesel bei der nächsten Sperrmüllabfuhr neben einen Haufen alten Krempel, schloß ihn ab und steckte den Schlüssel ein. Mit dem ausgedienten Hausrat nahmen die Müllmänner auch das Fahrrad mit. Vom Geld der Versicherung kaufte sich die 15jährige ein größeres. Durch einen Zufall flog die Sache auf.

**Abgeschweißt.** Im Einzelhandelsgeschäft war eingebrochen und aus dem Safe Wertsachen geklaut worden. Die Diebe hätten die Tresortüre abgeschweißt, sagte der Kaufmann B. der Polizei und Versicherung. Der Fall klärte sich schnell: Die Türe konnte nur in geöffnetem Zustand abgeschweißt werden. Das Geständnis ließ nicht lange auf sich warten.

Sehr geehrte Versicherung!

18. April 1992

Da ich Christ geworden bin und mein Leben mit Gott in Ordnung bringen möchte, sende ich Ihnen anbei 100 DM. Vor vielen Jahren haben Sie uns die Tischplatte unseres Couchtisches ersetzt, und wir haben eine dickere und deswegen teurere Glasplatte dafür genommen als die ursprüngliche war. Das war nicht korrekt und ich möchte es hiermit wieder gutmachen.

Mit freundlichen Grüßen
Jutta Müller

**Scheibenkleister.** Kleinvieh macht auch Mist: „Ich trug die Glastürscheibe ins Wohnzimmer, dabei zerbrach sie!" Diesen Schaden meldete ein 38jähriger Malermeister sage und schreibe 27 Gesellschaften, bei denen er zuvor eine Glasversicherung abgeschlossen hatte. Ein Sachbearbeiter wurde mißtrauisch und berechnete anhand der angegebenen Größe und Dicke der Scheibe das Gewicht. Es war so groß, daß der Mann sie nie und nimmer allein wegräumen konnte.

**Chinchillapleite.** Bei der dritten Schadenmeldung innerhalb von 3 Jahren ging's schief: Die angeblich geklauten Chinchilla-, Luchs- und Jaguarmäntel in Höhe von 200 000 DM entpuppten sich als abgekartetes Spiel mit einem Kürschnermeister. Die Versicherungsbetrügerin vor Gericht: „Ich hab' nur gedacht, wenn alles für viel Geld versichert ist, muß man die Versicherung auch in Anspruch nehmen!"

**Schokoriegel.** In einem Herstellungsbetrieb wurde in einer Nacht angeblich Schokolade im Wert von fast einer Million Mark gestohlen. Der Versicherer stellte die entsprechende Situation nach und konnte beweisen, daß das Verladen der Schokolade unter den gegebenen Umständen etwa eine Woche gedauert hätte ...

**Weihnachtsflammen.** Gerda H. aus Dortmund wußte, was sie zu Weihnachten wollte. Sie stieß den Tannenbaum mit brennenden Kerzen zielbewußt in die Gardinen, die sofort Feuer fingen. Dann griff sie zum Wassereimer, der bereitstand, wie es die Feuerwehr alle Jahre wieder empfiehlt, und löschte die Flammen. Schon ein paar Tage später bekam die Hausfrau das Geld für neue Gardinen von der Assekuranz, das sie nach dem Umzug in eine Eigentumswohnung nicht mehr zur Verfügung hatte.

**Flickschusterei.** „Alle Regale sind leergeräumt" – so meldete der Inhaber eines Schuhgeschäfts in Stuttgart einen Riesen-Einbruch. Die Diebesliste war meterlang – der Sachverhalt klar. Da ging ein verärgerter Angestellter zur Polizei und packte aus. Die packte anschließend auch aus: Die „geklauten" Schuhe standen fein säuberlich in Kartons verpackt im Speicher des Schuh-Kaufmanns.

**Ausgebaggert.** Der Besitzer einer Gärtnerei lieh einen Kleinbagger aus. Da er die Leihgebühr nicht begleichen konnte, entschloß er sich, den Bagger kurzerhand verschwinden zu lassen, um ihn dann dem Verleiher als gestohlen zu melden. Die Versicherung traute der Sache nicht. Die Polizei schließlich entdeckte in der Garage des Gärtners einen frisch aufgefüllten Garagenboden. Die Beamten mußten nicht lange graben, um das Corpus delicti zum Vorschein zu bringen.

**Superheizung.** Ein Heizungsrohr platzte, und Wasser lief in den Keller. Der Geschädigte beteuerte, daß er in seinem Keller nicht nur wertvolle Möbel und Teppiche gelagert hatte, sondern auch zahlreiche kostbare Bücher. Alles wurde vernichtet. Der Regulierer errechnete aufgrund der Größe des Kellers und der Höhe des Wasserstandes, wie viele Kubikmeter Wasser aus dem Heizsystem in den Keller geflossen sein mußten. Danach erkundigte er sich bei einer Heizungsbaufirma nach dem üblichen Inhalt eines solchen

# Quittung

Nr.

DM in Ziffern: 2031

Pf: 35

einschl. 15 % MwSt = DM

**Deutsche Mark in Worten**
zweitausendeinunddreißig

Deutsche Pfennige wie oben

von

für Querflöte Yamaha YFL 311 II,
richtig erhalten zu haben, bestätigt Notenständer 101 d;
Ort ~~[geschwärzt]~~  Okay-Gig Bag
Buchungsvermerke    Datum 20.05.98

Stempel/Unterschrift des Empfängers
Musikhaus ~~[geschwärzt]~~ GmbH

*Kleiner Fehler, große Wirkung: Das Datum hatte der Fälscher wohl zu schnell geschrieben – der 20. 5. war ein Feiertag (Christi Himmelfahrt). Da wurde die Versicherung mißtrauisch und konnte schließlich nachweisen, daß es die Querflöte, die angeblich gestohlen worden war, gar nicht gab.*

Heizungskreislaufes. Resultat: Die zu Protokoll gegebene Wassermenge war ungefähr dreihundertmal größer als die, die wirklich in die Heizung hineinpaßte.

**Sintflut.** „Der Sturm heulte. Ein riesiger Baumast zerschlug die Fensterscheibe. Der reinplatzende Regen richtete große Schäden an . . ." Die dramatische Schilderung der Sturmflut war so überzogen, daß der Sachbearbeiter beschloß, den Ort des furchtbaren Geschehens selbst anzuschauen. Vor allem, da der Schadenmeldung bereits diverse Reparaturrechnungen beilagen. Doch seltsam: Weit und breit war kein Baum zu sehen, kein Nachbar wußte etwas von einem Sturm. Fazit: Der Kunde wollte Renovierungsaufwendungen via Versicherung finanzieren lassen.

**Super-Bruch.** Ein Angestellter aus Hamburg zeigte einen Einbruch an und lieferte die Liste des Diebesguts gleich mit. Sie war so lang, daß der Sachbearbeiter stutzte. Die geklauten Sachen hätten kaum in eine Prachtvilla gepaßt. Sein Pech: Er hatte nur ein 30 Quadratmeter großes Appartement.

**Hausbrand.** Carlos C. plante den perfekten Versicherungsbetrug. Der verschuldete Computer-Verkäufer schloß auf den Namen seiner Großeltern eine Hausratversicherung ab. Versicherungssumme: 200 000 Mark. Nur wenig später verwandelte sich der Biedermann in einen Brandstifter: Er fackelte das Haus ab. Seine beiden Großeltern und ein Nachbar starben in den Flammen.

**Radlerpech.** „Mein Alu-Rad wurde gestohlen!" Die Anzeige ging an Polizei und Versicherung. Am nächsten Tag entdeckte ein Polizeibeamter im Keller der angeblich Bestohlenen das Alu-Rad. Die Rahmennummer stimmte mit der bei der Versicherung eingereichten Quittung überein. Den gleichen Trick hatte die Radlerin schon zweimal durchgezogen.

**Schenkung.** Eine ältere Dame aus Garmisch bekam für den Verlust eines kostbaren Armbandes eine Entschädigung von 22 000 DM. Ein Jahr später schrieb sie der Versicherung: „Kürzlich habe ich mein Armband im Schrank zwischen Wäschestücken wiedergefunden. Da ich es nicht für richtig halte, gleichzeitig die Versicherungsleistung und das Armband zu besitzen, habe ich die 22 000 DM an das Rote Kreuz überwiesen. Ich hoffe, das wird Sie sicher auch freuen . . ."

**Verrechnet.** Ulf B., Lehrer aus Bremen, meldete den Diebstahl wertvoller Schmuckstücke. Als Beweis legte er ein Foto der gestohlenen Ringe, Ketten und Armbänder bei. Die Expertise eines Juweliers bezifferte den Wert auf 35 000 DM. Doch der Mathe-Lehrer hatte sich verrechnet: Die Scherben der angeblich vom Einbrecher zertrümmerten Fensterscheibe lagen auf dem Rasen – sie mußte also von innen eingeschlagen worden sein.

**Party-Schreck.** „Meterhohe Stichflammen" hätte es gegeben, nachdem beim Fondue-Essen Spiritus verschüttet wurde. Vor den Augen des Sachbearbeiters entwickelte sich ein Partychaos wie in einem Katastrophenfilm. Doch merkwürdig: Es gab nachher keine Zeugen. Noch merkwürdiger: Vermieter und Hausmeister konnten keinerlei Brandspuren feststellen. Kurze Zeit später probierte der Mieter den Trick bei einem anderen Versicherer.

Gewitzt aus der Pleite des ersten Versuchs zündete er den abgenützten Wohnzimmerteppich an und fotografierte ihn. Doch auch der zweite Versuch endete mit einer Pleite.

**Christfeuer.** „Ich zündete den Christbaum an, weil ich meine Schwiegermutter zu Besuch erwartete" – so begann eine Feuer-Schadenanzeige, die eine verbrannte Polstergarnitur meldete. Als der Regulierer den Tatort inspizieren wollte, mußte er erfahren, daß die Garniturreste bereits beim Sperrmüll gelandet waren. Dann wollte er die Schwiegermutter als Zeugin befragen und erfuhr von der Nachbarin: „Die ist schon vor fünf Jahren gestorben!"

# DER „WARME ABBRUCH"

**Biedermann und die Brandstifter**  Alle 22 Minuten legt in Deutschland jemand Feuer, 60 % aller Brandschäden über 1 Million DM sind Brandstiftungen. Hauptmotiv: Versicherungsbetrug. Die Deutschen gelten als Weltmeister. So ist die „heiße Sanierung" geradezu zu einem Synonym für Brandstiftung geworden. Allerdings werden es Brandstifter immer schwerer haben, unentdeckt zu bleiben. Die brandpolizeilichen Ermittlungen sind dank modernster Technik immer effizienter, die Versicherungen achten verstärkt auf Betrugsindikatoren (Stichworte: finanzieller Engpaß des Kunden, überhöhte Lagerbestände, Vertuschungsversuche, Drängen auf schnelle Regulierung usw.).

**Fernzündung.** Ingenieur Bernhard D. erholte sich im Spanien-Urlaub, während zu gleicher Zeit zu Hause sein Eigenheim abbrannte. Schaden: 600 000 DM. Paar Tage später meldete sich bei einem Arzt ein Mann, der schwere Verbrennungen an den Händen hatte. Das Telefon des Arztes wurde aber in einer anderen Angelegenheit gerade abgehört – so kam die Polizei auf den bezahlten Brandstifter . . .

**Silvesterknall.** Ein verschuldeter Besitzer eines Ponyhofs wollte sich in der Silvesternacht 1990 mit Hilfe der Assekuranz sanieren. Er heuerte einen Italiener für 7 000 DM an. Frau und Kinder wurden weggeschickt, die Pferde woanders untergebracht – angeblich wegen der Silvesterknallerei. Über 50 Liter Benzin wurden ausgekippt. Da das Benzin nicht zu reichen schien, wurden weitere 40 Liter bei der nächsten Tankstelle geholt. Dann drehte er alle Gashähne auf. Die Aktion lief so dilettantisch ab, daß der Betrug umgehend aufflog.

**Doppelkassierer.** Ein verschuldeter Geschäftsmann ließ per Zeitzünder sein Haus abbrennen, während er sich gleichzeitig ein bombensicheres Alibi besorgte. Die Sache verlief planmäßig. Da erschien bei der Kripo der Schadenregulierer einer anderen Versicherung in der gleichen Sache. Der Brandstifter wollte doppelt kassieren . . .

**Frühmeldung.** Das Haus brannte bis auf die Grundmauern ab, die Polizei fand nichts Verdächtiges. Auch für die Feuerversicherung schien die Sache klar. Zufällig schaute der Sachbearbeiter auf den

089 / ~~~~

# Brand-Schadenanzeige

Mit der Beantwortung nachstehender Fragen wird eine bedingu erfüllt.

**Beschädigte Sachen sind aufzuheben, bis die Ge Beseitigung zugestimmt hat.**

**Fragen an den Versicherungsnehmer**

Auf welche Weise ist der Brand entstanden?

Wir saßen in der Küche beim
Abendessen, da bemerkten wir
Brandgeruch. Wir liefen sofort
ins Wohnzimmer. Da sahen wir,
wie die Cautsch-Garnitur
in hellen Flammen stand.

*Fingierte Brandanzeige: Wie es sich herausstellte, brannte die „Cautsch" jeden Monat – bei insgesamt 11 verschiedenen Versicherern.*

Poststempel der Schadenmeldung. Und wurde hellwach: Sie war schon einen Tag vor dem Brand abgeschickt worden.

**Benebelt.** Der Inhaber einer Werkzeugfabrik in Bayern legte in seiner Halle Zeitzünder aus und ließ Benzin auslaufen, damit die Fabrik bei der Zündung sofort in Flammen stand und jede Spur der Brandstiftung verwischt wurde. Doch er hatte nicht mit der verheerenden Wirkung der Benzindämpfe in der geschlossenen Halle gerechnet. Er wurde nach Einatmen der Dämpfe ohnmächtig und mußte ins nächste Krankenhaus gebracht werden. Dabei kam die Polizei der versuchten Brandstiftung auf die Spur.

**Auftragsmangel.** In einem kleinen Ort Schleswig-Holsteins brannten mehrere Gebäude nacheinander nieder. In allen Fällen wurde Brandstiftung festgestellt. Der Verdacht fiel zunächst auf die Eigentümer, da alle Gehöfte gut versichert waren. Doch ließ sich nichts nachweisen. Später erfuhr die Polizei von einem Gespräch, das ein Bauunternehmer und ein Maurer des Ortes in der Gastwirtschaft geführt hatten. Es ging um die schlechte Auftragslage. Nur ein Feuer konnte neue Aufträge bringen. Der Stein kam ins Rollen. Die Handwerksmeister hatten eine Bande Jugendlicher damit beauftragt, Brände zu legen. Ausgesucht wurden nur gut versicherte Objekte, weil die Versicherungsgelder sofort flossen...

**Explosiv.** Ein höchstverschuldeter Pizzeriabesitzer plante den warmen Abbruch. Rechtzeitig erhöhte er noch die Versicherungssumme. In der Tatnacht ließ der Wirt ein Fenster seines Lokals unver-

> Statt jeder besonderen Anzeige.
>
> Herr, dein Wille geschehe!
>
> Plötzlich und unerwartet verstarb heute mein lieber Mann und Vater, mein guter Bruder, Schwager und Onkel
>
> **Herbert G▬**
> * 2. 1. 1935    † 20. 12. 1991
>
> Im Namen aller Angehörigen:
> Christel ▬ mit Erich
> Familie Erwin ▬
>
> ▬sener Straße 4
>
> Die Beerdigung ist am Freitag, dem 27. Dezember 1991, um 10.30 Uhr auf dem Parkfriedhof in ▬.

*Tote reden nicht:* Um weitere Nachforschungen zu vermeiden, schaltete ein Versicherungsbetrüger seine eigenen Todesanzeigen und ließ sie dem Versicherer zuleiten. Doch der Inserent wurde durchschaut.

schlossen und ging nach Hause. Die angeheuerten Freunde gossen später einen Kanister voll Benzin ins Innere. Doch es fehlten die Streichhölzer. Sie gingen in eine nahegelegene Nachtbar, um sich welche zu besorgen. Mittlerweile hatte sich im Lokal ein gefährliches Benzin-Luft-Gemisch entwickelt, das sofort explodierte, als einer der Täter ein brennendes Streichholz durch das Fenster warf.
Die Sache flog schnell auf: Der Gastwirt erhielt drei Jahre Gefängnis, die beiden Ausführenden je zweieinhalb Jahre.

**Fenstersturz.** „In der Werkstatt ist ein Brand ausgebrochen, während ich ein Fußballspiel im Fernsehen anschaute" – so begann eine Brandschadenmeldung eines Schreinermeisters. „Mit Sicherheit Brandstiftung" – so begann das Gutachten der Polizeifahnder. Denn sie hatten Brandspuren in Form einer „8" gefunden, wie sie entstehen, wenn eine leicht brennbare Flüssigkeit auf dem Boden umhergespritzt wird. Sämtliche Türen der Werkstatt waren unversehrt. Nur ein Fenster war eingeschlagen – allerdings von innen, weil die Scheiben außen vor der Werkstatt lagen.

**Strohfeuer.** In einem süddeutschen Dorf mußte die Feuerwehr einen brennenden Bauernhof löschen. Die Polizei fand heraus: Der Besitzer hatte schon ein Dutzend Mal für Heuschoberbrände abkassiert und am Tag vor dem Großbrand riesige Mengen Stroh gekauft, die er dann rund um das Haus verteilte. Sein Heim und auch das des Nachbarn fingen Feuer. Schaden: drei Millionen Mark. Die Indizienkette war so schlüssig, daß der Brandstifter neun Jahre hinter Gitter mußte.

**Abgeblitzt.** Blitz aus heiterem Himmel: Ein Landwirt meldete einen Brand auf seinem Hof. Alle Fragen auf der Schadenanzeige waren korrekt beantwortet. Bei der Frage nach der Ursache schrieb er: Blitzschlag. Bei der Frage nach den Wetterbedingungen notierte er: sternenklar!

**Zigarrenpolice.** Ein Engländer versicherte bei Lloyd's of London eine Kiste Zigarren gegen Feuer. Dann rauchte er sie. Er meldete den Schaden und pochte auf die Versicherungsbedingungen. Man zahlte ihm die Summe – dann aber erhielt er eine Klage wegen Brandstiftung.

**Geburtstagsfeuer.** 1922 feierte der Bürgermeister einer norddeutschen Kleinstadt seinen 60. Geburtstag. Da er höchst beliebt war, wollten ihm die Ratsherren ein besonderes Geschenk machen.
Man kam auf die Idee, das Anwesen des Stadtoberhauptes abzubrennen. Das Haus war alt und baufällig, aber hoch versichert. Für 15 Mark Belohnung wurde der Gemeindediener gewonnen. Tatsächlich brannte am Geburtstag das Anwesen des Stadtoberhauptes nieder. Als der Gemeindediener seine Belohnung kassieren wollte, meinten die Ratsherren, daß 5 Mark für das Fallenlassen eines brennenden Streichholzes auch genug seien. Der empörte Brandstifter schrieb der Versicherung und ließ den Betrug auffliegen.

Sehr geehrte Herren!

Vor etwa 3 Jahren meldete ich den Schaden eines Kleides bei Ihnen an; ich habe mit einer brennenden Zigarette das Kleid einer Nachbarin beschädigt. Ihre Versicherung hatte erst Bedenken, zahlte dann aber doch. Nachdem ich Christ geworden bin, belastet dieser Betrug mein Gewissen und ich möchte das Geld zurückerstatten. Tatsache war, daß mir das Kleid beim Waschen ausfärbte, und ich kein Geld hatte, meiner Nachbarin das Geld für ein neues Kleid zu geben. Da nahm ich den Weg über Ihre Versicherung.

# NACHBARSCHAFTSHILFE

**Kungeleien bei der Haftpflicht** An der Spitze der Betrugs-Hitliste liegt die Privathaftpflichtversicherung. Bei einigen Versicherern ist fast die Hälfte aller Fälle dubios. Je mehr man in den eigenen vier Wänden hat, um so weniger will man verlieren. Geht was zu Bruch, so gilt es fast schon als üblich, zunächst mal nach einem haftpflichtversicherten Freund oder Nachbarn zu suchen. Da werden Brillen zertreten, Kontaktlinsen weggespült, Fondue-Töpfe umgekippt, Farben verspritzt, Tische umgeworfen, Fernseher beschädigt – die Liste ist endlos. Ohne Betrügereien, so eine Verbandsschätzung, könnten die Beiträge der Privathaftpflicht-Policen mindestens zehn Prozent niedriger sein.

**Brillen-Trick.** Ein Bamberger wollte sich auf Kosten seiner Versicherung eine neue Brille für 550 Mark zulegen. Also behauptete er, die Augengläser seines Nachbarn auf einer Liegedecke im Garten versehentlich zertreten zu haben. Sein Pech: Die Versicherung fand heraus, daß die neue Brille beim Optiker schon vor dem Schadenfall bestellt war.

**Servicesplitter.** „Ich bin während des Essens bei Freunden so ungestüm aufgesprungen, daß der Tisch mit dem gesamten Rosenthal-Service umkippte", schrieb ein Beamter seiner Versicherung und legte eine umfangreiche Liste bei. Der Sachbearbeiter wurde mißtrauisch, als er der Schadenmeldung entnahm, welche Mengen von Glas und Porzellan dabei zu Bruch gegangen waren. Er besorgte sich entsprechend viele Teller, Schüsseln, Gläser und Tassen. Dann bat er die geschädigte Hausfrau, ihren Tisch mit dem Geschirr zu decken. Die Tischplatte reichte bei weitem nicht, um das gesamte Glas und Porzellan zu fassen.

**Jetlag.** Ein Hausbesitzer in der Pfalz stieß versehentlich seinen Hängeschrank mit wertvollem Porzellan herunter. „Wie kann man die Versicherung dafür zahlen lassen?", überlegte er. In den Hausrat-Versicherungsbedingungen las er etwas von Flugkörpern. Er meldete den Schaden mit dem Hinweis: „Ein Tiefflieger ist über mein Haus gedonnert!" Die Versicherung lehnte ab, gezahlt wird nur bei „Absturz von bemannten Flugkörpern". Da wandte sich der Hausherr an den benachbarten Fliegerhorst, reklamierte einen Haftpflichtschaden. „Sorry", sagte die Bundeswehr – an dem betreffenden Tag waren keine Jets in der Luft ...

**Brillentausch.** „Beim Nachbarn habe ich Bücher umgestapelt und versehentlich auf dessen Brille gelegt." Bei 08/15-Meldungen dieser Art wird ein Sachbearbeiter immer mißtrauisch. In der Tat widerlegte der eingeschaltete Sachverständige die Version des Versicherten. Dieser jedoch, ganz cool, behauptete, seine Freundin habe die falsche Brille geschickt und übersandte eine weitere beschädigte Brille. Aber auch diesmal lieferte der Gutachter den Gegenbeweis...

**Verkegelt.** Er sei beim Kegeln auf eine Handtasche gefallen und habe die Brillen beschädigt, schrieb Horst F. in die Schadenanzeige. Zeugen seien die Kegelbrüder und -schwestern. Ein Anruf beim „Tatort" ergab jedoch: Laut Reservierungsbuch der Kegelbahn war Horst F. der Wirtin vollkommen unbekannt.

**Zahnlos.** Carlos V., Partygänger, präsentierte seinen Gastgebern am Buffet einen Stein und seinen herausgebrochenen Schneidezahn. Die Haftpflichtversicherer – er hatte mehrere – zahlten stets – bis der Trick mit dem herausgenommenen Stiftzahn bekannt wurde, als der Abzocker zum zweiten Mal zum gleichen Zahnarzt ging.

**Mehrwert.** Berta O. aus Münster schickte eine Rechnung über 1 598 DM ein. Sie habe ihrer Freundin Farbe auf den Ledermantel geschüttet. Doch sie hatte die erste Ziffer nachträglich in die Rechnung gesetzt. Den Mehrwertsteuerbetrag hatte sie vergessen, entsprechend mitzufälschen.

# Haftpflicht-Schadenanzeige für kleine Sachschäden

**Genaue** Schadenschilderung

Beim abnehmen des Gaestehandtuches stiess ich versehendlich gegen den Wasserkasten der Toilette, worauf sich ein Gefaess befand, welches in die Toilette fiel. Das Gefaess entfernte ich aus der Toilette, nicht wissend, dass sich in dem Gefaess zwei Kontaktlinsen befanden. Ich betaetigte die Wasserspuelung und spuelte sie damit weg.
Der Schaden betraegt lt. beiliegender Quittung

```
        DM 780,--
        =========
```

Ich bitte um Regulierung des Schadens auf folgendem Konto bei der Stadtsparkasse

*Die Schadenschilderung über die weggespülten Kontaktlinsen entpuppte sich im nachhinein als Märchenerzählung.*

**(Wasch-)Beckenbruch I.** „Am 28. 3. habe ich aus Versehen das Waschbecken in der Mietwohnung von Frau Karin S. (Hamburg) beschädigt", hieß es in der Schadenmeldung. Ein Kostenvoranschlag über satte 1 720 DM war gleich beigefügt. Der Kostenvoranschlag für das Ersatzbecken datierte allerdings vom 22. 3. Da ging die Versicherung der Sache auf den Grund. Ergebnis: Alles fingiert!

**(Wasch-)Beckenbruch II.** Gleiche stereotype Schadenschilderung in einem anderen Fall in Köln: Bei einer Ortsbesichtigung stellte der Sachverständige fest, daß das angebliche „Ersatz-Waschbecken" gar nicht mehr im Handel ist. Die Rechnung war getürkt.

**Ei, Ei.** Beim Möbeltransport habe er die Wände des Treppenhauses beschädigt, informierte Metzgermeister Paulus K. seine Versicherung. Maler- und Lackiererarbeiten über 1 080 DM waren erforderlich. In Wirklichkeit gab es einen handfesten Streit. Seine Ehefrau warf nach einem Krach mit der Nachbarin Eier an deren Wohnungstüre und an die Hauswand.

**Ausgekugelt.** In verschiedenen Hotels erschien ein Gast beim Portier und berichtete stöhnend, er sei über ein loses Fußbodenbrett gestolpert und habe sich dabei den Arm ausgekugelt. Ein Arzt bestätigte die Verletzung, worauf die Hotelversicherungen zahlten. Später stellte sich heraus, daß der Mann seinen Arm mühelos auskugeln konnte und mit diesem Trick schon viele Spitzenhotels hereingelegt hatte.

**Familienkrach.** „Bei der Schwiegermutter habe ich den Fernseher vor Wut auf den Boden geknallt!" – das stand beileibe nicht in der Schadenmeldung des Freiburgers Martin Z. Dies gab er allerdings später zu, als der Sachverständige seine vorausgehende Schilderung widerlegte. Angegeben hatte er, daß er die Empfangsqualität des Fernsehers habe verbessern wollen. Dabei sei ihm das Gerät entglitten.

**Verdrückt.** Einem Autofahrer aus Kiel zerschlug es mit einem Stein die Windschutzscheibe. Da er aber keine Kaskoversicherung besaß, machte er mit seinem Freund daraus einen Privathaftpflicht-Fall. Dieser habe eine Vignette auf die Windschutzscheibe anbringen wollen und wohl zuviel Kraft entwickelt. Der Sachverständige konnte über diese Version nur den Kopf schütteln ...

**Pechsträhne.** Bei der Nachbarin hatte sie immer Pech: Sie setzte sich im Auto versehentlich auf deren Brille, kippte im Wohnzimmer einen Topf Farbe um, stieß beim Anziehen ihrer Jacke gegen eine Keramikfigur, beschädigte eine Obstschale, zerschlug Meißner Porzellan. Petra S. und ihre Freundin Uta L. meldeten diese Kleinschäden (unter 400 DM) auch bei anderen Gesellschaften. Das Duo ging davon aus, daß diese „Bagatellfälle" nicht so genau geprüft würden. Doch die Pechsträhne war zu offensichtlich.

**Liebesfrust.** Er war verliebt und angetrunken und wollte in die Wohnung seiner Freundin. Die ließ ihn aber nicht herein. Da wurde er rabiat und zertrümmerte die Wohnungstüre. Später, wieder

## Haftpflicht-Schadenanzeige

| Wird von uns ausgefüllt | | | | | | | | Eingegangen |
|---|---|---|---|---|---|---|---|---|
| S-Melde-jahr | Bearb.-Stelle | Schadenanfall | | | S-Art | S-Ursache | S-Rückst. DM | |
| | | Tag | Monat | Jahr | | | | ZN St. |

**Ausführliche Schilderung des Schadenherganges:**

Während eines Fondueessens am 15.08.92 kam ich mit dem Arm gegen den auf dem Tisch stehenden Fonduetopf.
Dieser kippte daraufhin um, und der Inhalt (heißes Fett) ergoß sich auf die auf dem Boden liegende Videoausrüstung (Videocamera + tragbarer Recorder).

*Weder der Fondue-Topf kippte um, noch die Videokamera wurde zerstört. Klassisches Beispiel für einen Haftpflicht-Betrug.*

nüchtern, bastelte er daraus einen Haftpflichtfall. Auch die Freundin spielte mit. Pech: Es gab einen Zeugen . . .

**Bergdrama.** Die Schilderung war hautnah: „Ich fuhr mit meinem Mountainbike im Bregenzer Wald bergauf. Ich kam ins Rutschen, stürzte, ein Pkw mußte ausweichen, der dann einen felsigen Abhang hinunterstürzte . . . Ich bin froh, daß ich noch lebe!" Eine eindrucksvolle Skizze war beigefügt. Diese Schadenanzeige ging bei nicht weniger als 23 Versicherern ein, gleichzeitig wurde das zerbeulte Auto den entsprechenden Kfz-Sachverständigenbüros präsentiert. Bei dem Pkw-Fahrer handelte es sich um einen Kumpanen mit einem Uralt-Ford. Das kriminelle Duo wollte 23fach kassieren . . .

**Abstrich.** „Während des Balkonstreichens fiel die Aluleiter auf das Auto meines Schwiegervaters . . .", begann die Schadenanzeige. Doch wenn es um Verwandte geht, werden Versicherer immer mißtrauisch. Auch in diesem Fall konnte der Sachverständige nachweisen, daß an der Story etwas faul war. Denn an der Balkonseite befand sich die Garagenzufahrt des Nachbarn, dort durfte der Schwiegervater wohl kaum geparkt haben.

**Slapstick I.** Wie bei Charlie Chaplin ging es im Schadenbericht eines Berliners zu: „Ich stolperte über das Kabel des Videorecorders, riß das Gerät und im Stürzen noch die wertvolle Gardine herunter . . .". Der Sachverständige stellte fest, daß das Videogerät bereits vor dem Sturz defekt war. Die Gardinenstory war zudem frei erfunden.

**Slapstick II.** Ein anderer Versicherter gab eine noch buntere Schilderung: Er sei vor dem Haus des Nachbarn K. ins Stolpern gekommen und gegen einen Mauerpfosten gefallen. Dadurch seien zwei der Mauerpfeiler beschädigt worden. Gesamtschaden: 2 400 DM. In Wirklichkeit hatte er im alkoholisierten Zustand und aus Wut, daß ihn seine Freundin verlassen wollte, die Mauerpfeiler umgerissen.

# „DER FINGER IST AB!"

**Makabere Fälle in der Unfallversicherung**

Betrügereien in der Unfallversicherung sind schwierig: Man muß entweder Atteste fälschen oder simulieren. Makaber hingegen sind die Fälle von Selbstverstümmelungen. Sie steigen nicht zuletzt deshalb, weil seit geraumer Zeit die Rechtsprechung die Beweislast umgekehrt hat: Nicht der Geschädigte muß nachweisen, daß er Opfer eines Unfalls wurde. Vielmehr liegt es am Versicherer nachzuweisen, daß eine Selbstverstümmelung vorliegen könnte. In den Akten tauchen immer häufiger Fälle von Ärzten auf, weil für Mediziner höhere Leistungssätze (sog. „verbesserte Gliedertaxe") gelten.

**Blindgänger.** Der Schriftsetzer Hermann P. meldete seiner Versicherung, er sei beim Auswechseln einer Glühbirne von der Leiter und mit dem Gesicht in die Scherben gefallen. Das ärztliche Gutachten attestierte eine Minderung der Sehkraft. Nachdem er von der Unfallversicherung 120 000 DM bekommen hatte, schloß er gleich eine neue Police ab. Und bald gab es wieder einen Unfall: Eine aus einem vorbeifahrenden Zug geworfene Flasche habe ihn getroffen – diesmal am linken Auge. Und wieder brachte er ein Attest herbei, das die Erblindung des Auges feststellte. Er bekam eine weitere Abschlagszahlung über 500 000 DM, gleichzeitig beauftragte der mißtrauisch gewordene Versicherer einen Detektiv. Der hielt auf Video fest, wie der „Blinde" Auto fuhr. Alles war simuliert.

**Muttertagsunfall.** Ein Maurer schloß für seine Frau eine hohe Unfallversicherung ab. Am Muttertag erwürgte er seine Frau, setzte sie ins Auto, das er in eine steile Schlucht stürzen ließ. Der Polizei erklärte er, der Wagen habe geschleudert, er konnte gerade noch rechtzeitig aus dem Wagen springen. Das Gericht nahm diese Theorie nicht ab. Klassisches Motiv: Habgier.

**Plattenopfer.** In einem süddeutschen Krankenhaus wurde der Metzgermeister Anton R. eingeliefert. Beim Reifenwechseln war ein Laster vorbeigefahren, eine herabstürzende Bleiplatte hatte seine linke Hand glatt abgetrennt. Der Beifahrer bestätigte dies. Am Tatort fand die Polizei die blutverschmierte Platte. So die offizielle Version. Die Gutachter bewiesen indes, daß die Hand fachmännisch mit einem Skalpell abgetrennt wurde, dann – in einer Plastiktüte – von

# Unfall-Anzeige

**Unfallschilderung**
Wie hat sich der Unfall ereignet und worauf ist er zurückzuführen?

Am 24.07.93 tapezierten mein Sohn Alexander u. ich meine Wohnung. Beim bekleben mit Raufaser der Küchendecke standen wir auf einem Dielenbrett, welches mein Sohn in die Fußsprossen von 2 Stehleitern geschoben hatte.
Bei gestreckter Körperhaltung mit den Händen zur Decke, trat bzw. rutschte mein Sohn von der Diele u. riss mich mit samt des Dielengerüstes zu Boden, wobei ich mit dem Kopf gegen die Hauswand fiel und mich an Kopf u. rechte Hand verletzte.

*Komplett getürkt ist diese dramatische Unfallschilderung – ebenso wie die beigefügte ärztliche Bestätigung...*

dem Freund an den Unfallort gebracht wurde. Vorher hatte der Metzger bei vier Versicherern Unfallpolicen über 3,2 Mio. DM vereinbart.

**Fleischtopf.** Ein Schrei hallte über den Hof. Tischlermeister Bernhard L. wankte aus der Werkstatt, brach zusammen. Nachbarn riefen den Unfallwagen herbei. Während der Notarzt die verstümmelte linke Hand versorgte, suchte der Sani nach den Fingern, die man in der Klinik wieder annähen konnte. Nichts. Zufällig hob er den Deckel eines Leimtopfes. „Darin", so sagte er später bei Gericht, „lagen die Finger – alle fünf."

**Guillotiniert.** Ein Landwirt aus dem Ostfriesischen geriet mit der linken Hand in die Häckselmaschine. Die abgerissene Hand war so zerfleischt, daß sie nicht wieder angenäht werden konnte. Bei der Versicherung schien ein sechsstelliger Betrag fällig zu sein. Doch schon die Krankenhausärzte schöpften Verdacht: Die Abrißstelle war zu glatt. Dann gestand der Bauer der Polizei, daß er eine Art Guillotine gebastelt und sich damit selbst zerstümmelt hatte. Die abgehackte Hand hatte er dann in die Häckselmaschine geworfen.

**Abgerutscht.** „Ich wollte ein halbaufgetautes Eisbein spalten. Es rutschte mir vom Hackklotz. Das Beil traf Daumen und Zeigefinger der linken Hand." Dafür sollte Hans-Peter N. 140 000 DM von seiner Unfallversicherung bekommen. Doch die Gutachter widerlegten die Darstellung vor Gericht. Vor allem glaubte keiner, daß die beiden Dackel des Verletzten sofort Daumen und Finger vertilgt hätten (damit sie nicht wieder angenäht werden konnten).

**Goldfinger.** Dr. med. Karsten L. reichte bei vier verschiedenen Gesellschaften gleichlautende Unfallberichte ein: „Beim Holzhacken habe ich den Zeigefinger der linken Hand durchtrennt, der Finger mußte amputiert werden." Von Anfang an gab es Verdachtsmomente, daß er seinen verlorenen Finger „vergolden" wollte. Das zuständige Oberlandesgericht erkannte prompt auf Selbstverstümmelung. Der Arzt hatte sich den Finger auf einem Tischler-Werktisch selbst abgefräst, nachdem er sich vorher ein Schmerzmittel spritzte.

**Ventilator-Amputation.** Dr. med. Peter R., Kunde mehrerer Gesellschaften, behauptete, mit der Hand in den Ventilator seines Geländewagens gekommen zu sein, was zur Amputation des rechten Zeigefingers geführt habe. Das unfallanalytische Gutachten konnte diese Version nicht bestätigen. Mit Leichen-Fingerteilen und Schweineschwanzteilen wurde nachgewiesen, daß der rotierende Ventilator den Finger nicht amputieren, sondern allenfalls nur Hautfetzen abreißen kann.

**Versicherungsprobe.** Der Besucher eines schweizerischen Bauernhofes stürzte schwer und verletzte sich. Um die Krankenhauskosten abwälzen und gleichzeitig Tagegelder kassieren zu können, wurde er als „Knecht" in die Kollektiv-Unfallversicherung des Bauernhofes hineingeschmuggelt. Der Fall kam auf, doch der Bauer schmunzelte nur: „Mä probiert's halt eifach!"

# Unfallanzeige

zum Versicherungs-Schein Nr.   G 70 398 700

Art der Verletzung            Verbrennung

Darstellung des Unfallherganges

Beim der Hobyherstellung von Zingeschirr, ist mir die Kelle aus der Hand gerutscht und flüssiges Zin ist mir über den Fuß gelaufen

*Diese Schilderung eines Unfalls ist nicht fingiert. Er passierte tatsächlich – allerdings wurde er absichtlich herbeigeführt.*

MAR '93 09:12 STA ESSEN 0201 ███████

XXXXXXXXXXXXX
**Amtsgericht**

Ort und Tag

███████p, 05.02.19██

Geschäfts-Nr.: (Bitte bei allen Schreiben angeben!)
29 Gs 131/██

Anschrift und Fernruf
Gerichtsstr. 24, 2 68 51

# Haftbefehl

Gegen den/die Beschuldigte(n)  Herbert ██████,
geb. am 02. Januar 1935 in ██████
wohnh. ████ner Str. 4, ██████
Deutscher, verheiratet,

wird die Untersuchungshaft angeordnet.

Er/Sie wird/werden beschuldigt,

von 1989-1992 in ██████ und anderen Orten durch zwei selbständige Handlungen in zwei Fällen jeweils fortgesetzt handelnd
a) in der Absicht, sich einen rechtswidrigen Vermögensvorteil zu beschaffen, das Vermögen eines anderen dadurch beschädigt zu haben, daß er durch Vortäuschung falscher und Unterdrückung wahrer Tatsachen einen Irrtum erregte,
b) zum Teil tateinheitlich damit
zur Täuschung im Rechtsverkehr eine unechte Urkunde hergestellt und gebraucht zu haben.

1. Der Beschuldigte schloß von 1989 bis 1991 bei fünf Versicherungsgesellschaften Unfallversicherungen ab. Ende 1991 legte er bei den Versicherungen gefälschte Bescheinigungen des ██████ Hospitals in ██████sen vor. Darüber hinaus gab er bei der jeweiligen Schadensmeldung an, er sei bei keiner anderen Gesellschaft versichert.

2. Im Jahre 1992 schloß er unter dem fingierten Namen "██████ann" bei acht Gesellschaften Unfallversicherungen ab. Hier reichte er im August und September 1991 eine gefälschte Bescheinigung des ██████ Hospitals in ██████en vor, aus der sich ein Krankenhausaufenthalt vom 03.07. bis zum 21.08.1992 ergab.

Durch das Verhalten des Beschuldigten wurden insgesamt über 50 000,00 DM zu Unrecht ausgezahlt.

*Versicherungsbetrug wird auch von den Richtern nicht mehr als Kavaliersdelikt gesehen. Sie gehen zunehmend härter – wie dieser Haftbefehl zeigt – gegen Straftäter vor.*

**Verrenkt.** In den USA wurde ein Mann branchenbekannt, der nach Belieben seine Schultern oder Hüften verrenken konnte, ohne Schmerzen oder Beschwerden zu haben. Er kassierte bei vielen Unfallversicherern. Nach dem Arztgutachten brachte er Schultern und Hüfte wieder in Normallage.

**Wundersalbe.** In einem norddeutschen Dorf verkaufte ein Mann in den 30er Jahren eine Salbe, die nach dem Bestreichen Blasen und Entzündungen hervorrief. Die ersten Unfallversicherungen wurden abgeschlossen – es ging vor allem um die Tagegelder bei unfallbedingter Arbeitsunfähigkeit. 18 Versicherer wurden geschädigt, ehe der Deal ruchbar wurde. Über 800 Personen waren darin verwickelt.

**Beinverlust.** Ein Fall aus den 20er Jahren: Der arbeitslose Heinrich K. aus Hamburg fuhr mit dem Fahrrad spazieren. An einem einsamen Bahnübergang stürzte er vom Fahrrad und blieb angeblich bewußtlos liegen. Sein linkes Bein lag auf den Schienen. Der kurz darauf vorbeifahrende fahrplanmäßige Zug amputierte dieses Bein. K. hatte bei verschiedenen Gesellschaften hohe Unfallversicherungen abgeschlossen. Die Versicherer vermuteten eine Selbstverstümmelung und erstatteten Anzeige. K. wurde zu 9 Monaten Gefängnis wegen Versicherungsbetruges verurteilt, obwohl der Staatsanwalt Freispruch mangels Beweises beantragt hatte. Das Gericht stützte sein Urteil darauf, daß es im höchsten Grade ungewöhnlich sei, wenn ein Arbeitsloser mehrere Unfallversicherungen abschließe. Auch lastete es dem Angeklagten an, daß kurz nach dem Unfall am einsamen Bahnübergang ein Passant vorbeigekommen war, der den Verletzten kunstgerecht verbunden hatte, damit er nicht verblutete.

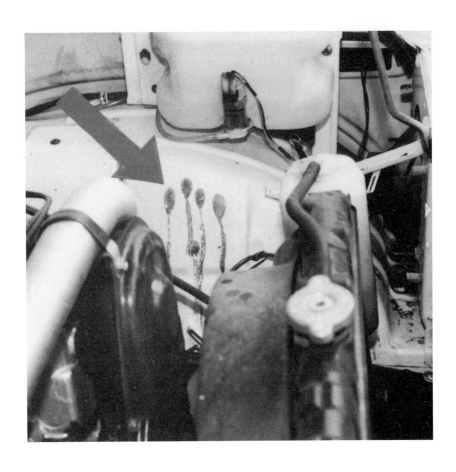

*Als Beweismaterial für eine angebliche Fingeramputation am Autoventilator wurden Blutspuren im Motorraum manipuliert.*

# Schadenanzeige zur Unfall-Versicherung Nr.

Ausführliche Schilderung des Unfallherganges (falls Platz nicht ausreicht, bitte Sonderblatt beifügen)

... in ... etwa ...,
... von etwa 1 Stunde wollte
... . Der Motor sprang an. Der Motor stotterte und
erzeugte ein klapperndes Geräusch. Ich öffnete den Motor-
deckel, um nachzusehen. Dabei mußte ich in den Windflügel
geraten sein. Ich kann nicht mehr im einzelnen sagen, wie
ich mit der Hand an den Windflügel geraten bin. Ich führe
es auf meine anschließende Bewußtlosigkeit zurück, daß ich
keine genauen Angaben machen kann.

Ich bin bewußtlos gewesen. Als ich wieder zu mir kam, war es
dunkel. Ich muß etwa eine halbe Stunde bewußtlos gewesen
sein.

Mein Fahrzeug stand am Waldrand. Dort ging wohl auch eine
Straße vorbei. Offenbar hat mich aber niemand gesehen.

Als ich wieder zu mir kam, sah ich, daß es blutete. Ich
hatte starke Schmerzen. Ich habe nicht festgestellt, daß
ein Teil des Fingers fehlte. Zu der Frage des Suchens des
fehlenden Teiles des Fingers kann ich nichts sagen. Ich
hatte furchtbare Schmerzen und wurde auch im Krankenhaus
nochmals bewußtlos.

Ich konnte dann noch mit meinem Fahrzeug in die K...
fahren. Ich wußte ungefähr, wo die Klinik ist...
...ren ...

*Unfallbericht des Versicherten: Der Gerichtsmediziner wies später mit Schweineschwanzteilen und Fingeramputat nach, daß durch den Autoventilator höchstens Hautfetzen abgerissen werden konnten.*

# AUF KOLLISIONSKURS

**Schiebereien rund ums Auto**

Im Bereich der Autoversicherung gibt es besonders spektakuläre Betrugsfälle. In der Haftpflicht- und Kaskoversicherung rechnen Experten mit einem Gesamtschaden von rd. 2 Milliarden DM jährlich. Da werden Unfälle fingiert und provoziert. Es gibt „Vorfahrtsspezialisten", „Kavaliere am Fußgängerstreifen" oder „Ampelbremser", die auf eine günstige Crash-Gelegenheit warten. Manipulierte Unfälle werden bandenmäßig organisiert. Das eigene Auto geht in Flammen auf oder wird an Ausländer verkauft, der Versicherung als Diebstahl gemeldet und doppelt kassiert. Falsche oder überhöhte Schadengutachten tun ihr übriges. Auch hier könnten die Prämien erheblich niedriger sein – wenn alle ehrlich wären ...

**Ausgebremst.** „Ich habe das Gaspedal mit der Bremse verwechselt" – so erklärte eine Autofahrerin ihr Mißgeschick, als sie den parkenden Maserati in einer Einbahnstraße und einen Lieferwagen demolierte. Dieses Mißgeschick sei ihr gleich zweimal passiert. Es war, wie es sich später ergab, ein gestellter Unfall.

**Pflege-Freundin.** Nach einem Kfz-Unfall simulierte ein Geschädigter eine schwere Psychose. Er drohte mit Selbstmord. Die Versicherung zahlte für die regelmäßige Betreuung bis es sich herausstellte, daß die „Pflegerin" die – für diesen Beruf nicht qualifizierte – Freundin des Autofahrers war, die zudem auch noch weit weg wohnte.

**Seelenquetschung.** Edouard G., Zirkusartist, ließ sich insgesamt siebzehnmal überfahren. Er kam stets mit heiler Haut davon. Zufällige Passanten bestätigten seine Verletzungen, die meist in „inneren und seelischen Quetschungen" bestanden.

**Dauercrash.** „Ich bin hinten auf den Jaguar aufgebrummt!", meldete Udo L. aus Hannover der Versicherung seines Leihwagens. Schaden laut Werkstatt: 9 000 Mark. Als die Versicherung den Jaguar begutachten ließ, staunte der Schadenbearbeiter Klaus K.: Der Jaguar war schon öfter gerammt worden. Immer von Leihwagen, an deren Steuer Udo L. saß. Der Jaguar-Besitzer hatte bereits von vier Versicherungen insgesamt 45 000 Mark kassiert. Ohne daß der Jaguar jemals repariert worden war.

Eine Schrottlaube wurde von einem Sachverständigenbüro auf einen Wiederbeschaffungswert von rd. 5 000 DM hochgeschätzt. Das beigefügte Foto (oben) war so aufgenommen, daß die umfangreichen Vorschäden nicht erkennbar waren. Der hauseigene Gutachter erkannte die Betrugsabsicht und fotografierte den Innenraum des total heruntergekommenen Autos (Restwert: höchstens 800 DM).

**Radsimulant.** Wolfgang N. aus Frankfurt inszenierte in den letzten 5 Jahren 15 Fahrradstürze, wobei er insgesamt 50 000 DM Schmerzensgeld ergaunerte. Er fuhr mit seinem Fahrrad in den Großstadtverkehr und ließ sich dort absichtlich von guten Freunden mit einem Pkw anfahren. Damit nicht immer die gleichen Fahrzeuge in den Unfall verwickelt werden, mieteten die Freunde für die Unfallfahrten Leihwagen. Der verletzte Radfahrer verlangte von den Versicherungsgesellschaften der beteiligten Pkws Schadenersatz. Die Verletzungen bei diesen absichtlich herbeigeführten Unfällen waren nur gering. So hatte er sich vorher Blut abgezapft, das er nach dem Sturz vom Fahrrad an der Unfallstelle verspritzte. Außerdem verstreute er mitgebrachte Glassplitter. Wenn seine Freunde den verletzten Radfahrer in einen Hauseingang getragen hatten, brachte er sich mit einer Rasierklinge zusätzliche Verletzungen an Armen und Beinen bei. Die entsprechenden Stellen hatte er vorher mit einem lokal wirkenden Mittel betäubt. Um eine möglichst schwere Verletzung vorzutäuschen, brach der Mann sich einmal sogar mit einer Zange zwei Zähne heraus. Zum Verhängnis wurde den Betrügern die Häufigkeit der immer nach dem gleichen Schema ablaufenden Unfälle.

**Abgesackt.** Karl F. wartete vor dem „Roten Ochsen" zwei Stunden. Dann kam – etwas torkelnd – Josef R. aus der Gaststätte, setzte sich in seinen Wagen und startete. Darauf hatte Karl F. nur gewartet. Er provozierte einen Crash. Der alkoholisierte Zecher erkannte alles an, unterschrieb alles. Die Versicherung zahlte, das Auto wurde nur provisorisch repariert, dann ging es wieder zum „Roten Ochsen"...

**Plattmacher.** Ein 30jähriger Duisburger meldete einen Totalschaden. Tags zuvor hatte er in einer Gaststätte geprahlt: „Ich werde jetzt meinen Opel plattmachen!" Tatsächlich bestätigte später ein Zeuge, daß sich der Crashfahrer einen Sturzhelm aufsetzte, in eine dichtgepolsterte Jacke zwängte und seinen Wagen zu Schrott fuhr.

**Schauspieler.** „Das ganze Dorf lacht über Ihre Versicherung!" Der Sachbearbeiter, der diesen anonymen Anruf entgegennahm, beschloß, den Dingen auf den Grund zu gehen. Es handelte sich um einen „geschädigten" Autofahrer, der Schmerzensgeld und Verdienstausfalleistungen erhielt. Ein beauftragter Detektiv berichtete später: „Der krankgeschriebene Dorfbewohner baut sich gerade ein Haus, ist bei jedem Fest dabei, lebt prächtig."

**Crashfeinde.** Die zwei Autos, die nachts zusammengestoßen waren, hatten nur noch Schrottwert. Die Polizei war von Passanten gerufen worden, weil die zwei Fahrer erbittert miteinander rauften. Die Beamten trennten die Kontrahenten. Die Situation schien klar: Einer hatte die Vorfahrt mißachtet! Beim Streit über die Unfallursache war es zu einem Handgemenge gekommen. Doch dann tauchten Zeugen auf, die behaupteten, die beiden Fahrer hätten ihre Autos absichtlich gegeneinander gefahren. Sie hätten sich den nur geringen Schaden besehen, kurz miteinander debattiert und dann ihre Fahrzeuge ca. 60 Meter zurückgesetzt. Anschließend seien sie erneut mit Vollgas aufeinander zugefahren – diesmal so heftig, daß die Autos Totalschaden hatten. Das war offenbar gegen die Abmachung, so daß es schließlich zur Schlägerei kam.

# Strafanzeige

Tatort: ▆AB2,RTK ▆▆▆▆r /Parkplatz
A.G.-Bezirk: in Rtg ▆▆▆▆
Tatzeit: 10.10.93 18.30-20.28 Uhr
Straftat: Verwendung von Kennz.verfassungswidriger Organisationen
~~Sachbeschädigung~~

Am 10.10.93 befuhren wir die BAB A2 aus Rtg.▆▆▆▆ in Rtg.▆▆▆▆.Gegen 18.30 Uhr fuhren wir auf den Rasthof ▆▆▆▆ und stellten den PKW mit dem Wohnwagen auf dem LKW-Parkplatz ab.Danach begaben wir uns in das Restaurant um zu essen.Gegen 20.20 Uhr gingen wir wieder zum Parkplatz und stellten beim einsteigen fest, daß auf der rechten Seite in Fahrtrichtung ein Einstich sich in der Außenhaut des Wohnwagens befindet. Wir gingen dann sofort zum Telefon und riefen bei der Polizei an.
Als die Beamten vor Ort waren,wurde beim genaueren Anschauen festgestellt, daß sich insgesamt 12 Einstiche von 1-2 cm Länge auf der gesamten Außenhaut des Wohnwagens befinden.Desweiteren wurde an der Tür des Wohnwagens ein Hakenkreuz von einer Größe von 20x20 cm festgestellt.Auf der gesamten Außenhaut sind ebendfalls noch mehrere Lackschäden festzustellen.

Andre▆▆▆       ▆▆▆▆

*Um einen selbst herbeigeführten, fingierten Kaskoschaden glaubhaft zu machen, erstattete ein Versicherter diese Strafanzeige bei der Polizei. Radikale hätten seinen Wohnwagen beschädigt. Die Betrugsmasche wurde bald enttarnt.*

**Verschätzt.** Mit gefälschten Gutachten fingierter Verkehrsunfälle hat der Berliner Kraftfahrzeug-Sachverständige Lothar K. innerhalb von zwei Jahren von mehreren Versicherungen insgesamt fast 300 000 Mark Schadenersatz kassiert. Der 43jährige wurde wegen Betrugs in 25 Fällen zu drei Jahren und acht Monaten Freiheitsstrafe verurteilt.

**Schlüsselloch.** Handwerksmeister Konrad R. aus Köln meldete den Verlust seines Sportwagens, der später in Polen entdeckt wurde. Die Versicherung zahlte 76 000 DM. Ein Sachverständiger hakte nach und konnte beweisen, daß der Originalschlüssel vor dem Diebstahl kopiert worden war. Vor Gericht erzählte die Ehefrau eine haarsträubende Story: „Ich habe heimlich den Schlüssel nachgemacht, damit mein Mann nicht merkt, daß ich seinen Wagen benutze."
Das Gericht glaubte ihr kein Wort und ging sogar noch um vier Monate über das vom Staatsanwalt geforderte Strafmaß hinaus.

**Speerwurf.** Pedro S. nahm ein Messer und ritzte in seinen Wohnwagen behutsam Stiche in die Außenhaut. Dann ging er zur Polizei, lamentierte über die Rowdies und gab eine Anzeige zur Sachbeschädigung auf. Der Gag: Die Beschädigungen konnten leicht mit Silikon repariert werden. Doch dem Versicherer wurde aufgrund der Hersteller-Reparaturanleitung vorgegaukelt, daß die Karosserieteile ausgetauscht werden müssen (Kostenpunkt für die Kaskoleistungen: 25 000 DM). Diese Betrugsmasche – als sog. „Speerwurfschäden" aktenkundig – wurde bei einigen Gesellschaften angewandt.

**Abgewälzt.** Ein Landwirt wollte einen selbstverursachten Unfallschaden auf die Teilkaskoversicherung abwälzen. Er war mit seiner Zugmaschine umgekippt. Der Schadenmeldung lag ein Kostenvoranschlag über 1 336,48 Mark bei, ausgestellt von einer benachbarten Werkstatt. Als ein Mitarbeiter der Versicherung die Werkstatt aufsuchte, traf er im Büro zufällig nur ein junges Mädchen an. Das händigte ihm ahnungslos die Arbeitsunterlagen aus. Daraus ging hervor, daß der Kfz-Meister und der Bauer vereinbart hatten, den gesamten Unfallschaden – der nur bei Vollkasko gedeckt war – als Glasbruchschaden auszugeben.

**Elferrad.** Schwedische Geschäftsleute pumpten in Kolmaarden einen kleinen See leer, um den vermuteten Marmor-Untergrund gewinnbringend zu verwerten. Indes, Marmor fanden sie nicht, dafür 11 Autowracks, allesamt mit Kennzeichen versehen und mit dem Schlüssel im Zündschloß. Alle 11 Fahrzeuge waren bei Polizei und Versicherungen als gestohlen gemeldet.

**Blackout.** Zwei Frauen aus dem Dirnenmilieu auf St. Pauli „konstruierten" einen Autocrash. Die eine hatte zwar ein Auto, aber keinen Führerschein, die andere protokollierte eine Hamburger Straßenkreuzung, die es dort gar nicht gibt.

**Terminsache.** Karl-Heinz R. schloß am 1. Juli eine Vollkaskoversicherung ab. Schon am nächsten Tag „bin ich ins Schleudern geraten und gegen die Leitplanke gefahren", hieß es im Unfallbericht. Die Reparaturkostenschätzung der benachbarten Werkstatt betrug über

4 000 DM. Doch die Versicherung forschte nach: Werkstatt und Autofahrer machten gemeinsame Sache. Der Unfall war schon vor dem 1. Juli passiert. Da vereinbarte man erst mal die Kasko-Versicherung und verlegte den Unfalltermin nach hinten.

**Angebrannt.** „Plötzlich schlugen Flammen aus dem Armaturenbrett, und ich mußte fluchtartig das Fahrzeug verlassen", lautete die Schadenmeldung. Der Sachverständige wußte gleich Bescheid.
Bei Versuchen war längst nachgewiesen worden, daß es mindestens sieben Minuten dauert, bis ein Brand im Motorraum auf das Innere des Autos übergreift.

**Ausgetrickst.** Musikfreund Rudolf R. hatte alles so fein eingefädelt: Er hatte den Diebstahl seines fast neuen Autoradios bei der Polizei angezeigt („Da können wir Ihnen wenig Hoffnung machen"), die Schadenmeldung für die Versicherung sorgfältig ausgefüllt und zusammen mit einer Originalrechnung an die Gesellschaft geschickt. Jetzt war es nur noch eine Frage der Zeit, bis der Postbote den Scheck ins Haus bringen würde. Der Briefträger brachte tatsächlich einen Brief der Versicherung, allerdings ohne den gewünschten Scheck. Statt dessen las Rudolf R. den letzten Satz: „Wir behalten uns vor, Anzeige wegen versuchten Betrugs zu erstatten." Das „Autoradio/Autohifi-Verzeichnis" des HUK-Verbandes wurde ihm zum Verhängnis: Auf der Rechnung stand lediglich 1 Sankyo ZX 36 F, 1 200 DM. Der Sachbearbeiter konnte im Verzeichnis zwar den Hersteller Sankyo, nicht aber den angegebenen Typ finden. Der Anruf bei einem Fachhändler klärte den Fall: ZX 36 F war ein Farbfernseher.

Seit dem 2.7. habe ich eine Haftpflichtversicherung für einen Audi bei Ihnen abgeschlossen. Obwohl ich vorher noch kein Auto gefahren habe, habe ich die Versicherung mit 65% statt mit 175% abgeschlossen. Ich möchte Sie wegen des Betruges um Vergebung bitten und bin für eine Wiedergutmachung bereit. Mein ehrliches Zeugnis beruht darauf, daß ich vor einem Jahr Christ geworden bin und mein Leben völlig in die Hände unseres Retters Jesus Christus gegeben habe.

**Nebenverdienst.** 500 000 DM Schaden kassierte ein Frankfurter bei 25 provozierten Unfällen. Bei der Polizei gab er dann klein bei: „Ich bin Hausmann, aber meine Frau gibt mir zu wenig Taschengeld!"

**Mitleids-Tour.** Der Angestellte der Verleihfirma war gerührt. Vor ihm stand eine junge Frau, die ihrem „todkranken Bruder noch ein paar schöne Tage machen wollte". Mitfühlend gab er ihr ein nagelneues Daimler 500 SEC Coupé. Drei Tage später lag die Diebstahlanzeige auf dem Tisch. Erst nach einigen Monaten kam ans Licht: Die junge Frau hatte den Wagen für wenige hundert Mark einem Kneipen-Bekannten gegeben, der das Auto an einen Ausländer weiterverhökerte.

**Ticket-Pech.** Einem Münchner Porschefahrer wurde sein Auto in steter Regelmäßigkeit in Mailand entwendet. Der zuständige Sachbearbeiter glaubte die Story schon lange nicht mehr, konnte aber nichts beweisen. Da checkte er Reisebüros und Flughafen und wurde fündig: der Porschefahrer hatte bereits vor der letzten Schadenmeldung ein Rückflugticket gebucht.

**Kupplungsfehler.** Erregt gestikulierte der Mannheimer Peter N. auf der Polizeiwache in Malcesine/Gardasee: „Man hat unseren Wohnwagen gestohlen!" Der Carabiniere schaute zufällig aus dem Fenster und sah das Auto des Deutschen. Es hatte keine Anhängerkupplung!

**Scheibenwischer.** Kurt L. aus Herne füllte Benzin in die Scheibenwaschanlage, führte den Wasserschlauch zum Motor und betätigte bei voller Fahrt den Hebel des Scheibenwischers. Dann ließ er den Wagen ausbrennen. Später konnte er jedoch nicht erklären, wieso Benzinreste im Behälter der Waschanlage waren.

**Abgezockt.** In Berlin wurde eine 13köpfige Bande ausgehoben, die als Briefkasten-Firmenverbund tolle Geschäfte machte.
Die Masche war durchdacht: Ein (geschmierter) Autofahrer hatte angeblich eine Panne, der Wagen mußte abgeschleppt, begutachtet, repariert und durch einen Mietwagen ersetzt werden. Den Schutzbriefversicherern wurden Rechnungen von nicht existierenden Abschlepp-, Reparatur-, Mietwagen- und Gutachterfirmen präsentiert – allerdings mit den immer gleichen „Zweckform-Rechnungen" aus dem nächsten Schreibwarengeschäft und gleichen Stempeln . . .

**Überfall-Krimi.** In der Karlsruher Innenstadt hatte ein Mann unter 110 einen Überfall gemeldet. Zwei Maskierte seien es gewesen, erzählte er, und seine Frau beschrieb gestenreich, daß die eine Pistole gehabt und geschrien hätten: „Geld raus!" Das schöne Funktelefon weg, zwei Rolex-Uhren mitgenommen, außerdem Schmuck und teure Kleidung. Alles zusammen gut 20 000 DM wert. Die Polizeibeamten glaubten kein Wort. Der Auftritt der beiden war zu perfekt: Jede Antwort saß. Später kam heraus: Die beiden hatten diese Sache schon dutzendfach gespielt.

Amtsgericht 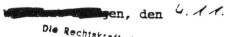en, den 4.11.
5 Cs 697/91

Die Rechtskraft des Urteils/Strafbefehls/... ist eingetreten
am _____

Der Urkundsbeamte der Geschäftsstelle

## Strafbefehl

gegen

den am 29.05.1948 in Berlin geborenen, in ▓▓▓▓ ▓▓▓▓▓▓▓▓▓-B▓▓▓▓ch, ▓▓▓▓▓▓aweg ▓ wohnhaften, verheirateten ▓

Gegen den Beschuldigten wird eine **Gesamtgeldstrafe in Höhe** von **140 Tagessätzen zu je 200.- DM** (insgesamt: 28.000.- DM) festgesetzt.

Einsatzstrafe: für die Tat Ziffer 1 40 Tagessätze zu je 200.- DM
für die Tat Ziffer 2 40 Tagessätze zu je 200.- DM
für die Tat Ziffer 3 40 Tagessätze zu je 200.- DM
für die Tat Ziffer 4 90 Tagessätze zu je 200.- DM

*Mit saftigen Geldstrafen oder Gefängnis müssen Versicherungsbetrüger rechnen. Was viele nicht wissen: Auch bei viel niedrigeren Geldbußen gilt man als vorbestraft.*

**Haarwild I.** Ein Autofahrer meldete einen „Haarwild-Kaskoschaden" über 1 200 DM. Als Beweis legte er das Polizeiprotokoll und mehrere Haare bei. Die stammten allerdings, wie sich schnell herausstellte, von seinem Hund!

**Haarwild II.** „Es war ein Wildunfall", behauptete der kaskoversicherte Konrad R. aus Rosenheim und wies bei der Besichtigung demonstrativ auf die Stoßstange, an der Tierhaare klebten. Die Untersuchung ergab: Die Haare wiesen keine Blutspuren auf, waren vielmehr fein säuberlich – einem Schäferhund – abgeschnitten und mit Uhu an die Stoßstange geklebt worden.

**Hammer-König.** Rekord: Slobodan Z., Chef einer sogenannten Autobumserbande, prellte Kfz-Versicherungen um rd. sechs Millionen DM. Bei der Clique im Rheinland machten Gutachter, Anwälte, Makler, Werkstätten, Abschleppunternehmen und Autohändler mit. Getürkt wurde mit provozierten Unfällen. Reichten die Schäden nicht aus, half ein Sachverständiger nach, was ihm den Spitznamen „König des Hammers" einbrachte.

**Lockvogel.** Walter F. aus München wollte seinen Mercedes 500 loswerden. Er fuhr nach Mailand, stellte den Wagen in der übelsten Gegend ab. Keiner klaute. Da parkte er im besten Viertel, Tag und Nacht. Wieder Pech. Auf der Rückreise versuchte er es am Gardasee. Auch nichts. Später erzählte er seinem Versicherungsvertreter die Story. Den Wagen hat er immer noch . . .

**Erfolgsbeteiligung.** Das Paderborner Landgericht verurteilte die Inhaberin einer Autowerkstatt zu drei Jahren Haft. In 48 Fällen hatte sie mit fingierten Autounfällen die Versicherungen um 600 000 DM geprellt. Werkstattkunden, die ihre alten Autos loswerden wollten, halfen mit. Die altersschwachen Autos wurden entsprechend präpariert – zum Beispiel mit dem Vorschlaghammer. Dann erledigte die Werkstattbesitzerin den Formularkram. Für die Kunden gab's eine Prämie von einem Tausender . . .

**Zweifach-Kasse.** Organisierte Diebesbanden klauen nicht mehr, sondern lassen die Autos von ihren „Opfern" bringen. Gerd S. zum Beispiel verkaufte seinen Opel Astra für 3 000 DM in einem kleinen polnischen Kaff gleich hinter Frankfurt/Oder. Dann meldete er den Verlust seiner Versicherung und kassierte noch einmal.

**Vorstandsbeschwerde.** „Kein Versicherungsfall", sagte das Assekuranzunternehmen und regulierte nicht. Da kam es an den Richtigen. Der Geschädigte schrieb umgehend an den Vorstand: „. . . Sie drücken sich vorm Zahlen; ich werde mich an das Aufsichtsamt und an ‚DM' wenden. Zudem werde ich über meinen Rechtsanwalt Klage erheben!" Später stellte sich heraus: Typischer Betrugsfall!

**Easy Rider.** In Motorrad-Kluft, mit Helm und Zündschlüssel, erschien ein junger Mann bei der Kölner Polizei und zeigte den Verlust seiner Maschine an (Kostenpunkt: 48 000 DM). Tatsächlich jedoch hatte der Fahrer sein Motorrad vorher zu Hause in Einzelteile zerlegt, den Rahmen zersägt und die übrigen Teile fein säuberlich aufbewahrt.

**Turbo-Verlader.** Ein Sportwagenfahrer stach ein Loch in die Benzinzufuhr und raste so lange über die Autobahn, bis sich das herausspritzende Benzin auf dem Turbolader entflammte und der Wagen (vor Zeugen) ausbrannte.

**Vordatiert.** „Auf dem Rückweg von meinem Skiurlaub bin ich mit meinem Jeep bei Dunkelheit und Glatteis an einen Baum gefahren", hieß es in einer Kasko-Schadenmeldung. 13 000 DM wurden bezahlt. Ein Jahr später hörte ein Mitarbeiter der Versicherung zufällig von einem Bekannten, an der Sache sei etwas faul. Es kam heraus: Nach dem Crash hatte der Mann eine Vollkaskoversicherung abgeschlossen, den Schadentag verlegt und die Rechnung falsch datiert.

**Zwillings-Police.** Im englischen Sheffield bemerkte ein Polizist an einer Straßenkreuzung zwei gleiche Autos mit derselben Nummer und mit zwei sich sehr ähnlichsehenden Männern am Steuer. Als man der Spur nachging, fand man Zwillingsbrüder, die sich die gleichen Wagen mit den gleichen Nummern zugelegt hatten, um einmal die Versicherungsbeiträge zu sparen.

**Kugeltrick.** Ein Kölner Autofahrer präsentierte seinem Kaskoversicherer seinen hagelgeschädigten Opel. Der Sachverständige fand indes heraus: Der Kunde hatte eine Holzkugel mit einem Lederlappen eingewickelt und dann gegen das Blech geschlagen. Die Beulen waren völlig symmetrisch. Dadurch flog der Trick auf.

**Falsch gehämmert.** Branchenweit bekannt ist der Fall des Münchners, der nach dem damaligen Hagelunwetter (1984) sein beulenübersätes Auto beim Schadenschnelldienst eines Versicherers vorfuhr. Allerdings waren die Beulen nach außen gestülpt. Er hatte wohl in die falsche Richtung gehämmert.

# LOCKRUF DES GELDES

**Tödliche Lebensversicherungen** In der Lebensversicherung sind betrügerische Manipulationen nicht so häufig. Wenn aber doch, dann wird eine unglaubliche kriminelle Energie freigesetzt: Betrügerische Verträge in Millionenhöhe werden vereinbart, Sterbepapiere gefälscht, tödliche Unfälle simuliert, Versicherte mit Gift, Flugzeugabstürzen und Killern ins Jenseits befördert. Beim sogenannten Versicherungsmord – so die Kriminalstatistik – liegt der Mord am eigenen Mann durch die Ehefrau an erster Stelle. Und es gibt auch Selbstmorde, die als Mord oder Unfall getarnt werden. Menschliche Tragödien kommen an die Oberfläche. Und hinter allem steht der Lockruf des Geldes.

**Vorleben.** Ein schwerkranker Angestellter schloß 1986 eine hohe Lebensversicherung ab. Bei der Rubrik „Welche Vorerkrankungen hatten Sie?" gab er im Antrag nur eine Blinddarmoperation an. Als er 1989 starb, kam es zutage, daß er schwere Vorerkrankungen (z.B. Herzvergrößerung) und drei lange Klinikaufenthalte verschwiegen hatte.

**Leber-Täuschung.** Der Hamburger Geschäftsmann Abel P. lernte einen Wermutbruder mit schwerer Lebererkrankung kennen. Es gelang ihm, trotz ärztlicher Untersuchung eine hohe Lebensversicherung auf das Leben des Penners abzuschließen. Bezugsberechtigt war natürlich Abel P. Als der Alkoholabhängige nach zwei Jahren an hochgradiger Leberzirrhose starb, konnte nur in mühevoller Kleinarbeit die Wahrheit ans Licht gebracht werden.

**Abkassiert.** Ein Alltagsfall: „Heinz-Josef E. ist am 11.4. verstorben. Die ärztliche Bescheinigung über den Krankheitsverlauf und die Sterbeurkunde sind beigefügt", schrieb die begünstigte Gaby K. an die Versicherung. Diese zahlte 120 000 DM und informierte pflichtgemäß die zuständige Erbschaftssteuerstelle. Das Finanzamt recherchierte und deckte einen Betrugsfall im großen Stil auf. Hinter der Aktion stand Martin W., der mit gefälschten Papieren auch bei einer anderen Gesellschaft abkassiert hatte. Mit weiteren 14 Versicherern wollte er den gleichen Coup drehen.

**Phantom-Grab.** Der Mietwagen stürzte über eine Steilklippe ins Meer. Seine Frau sei ums Leben gekommen, so berichtete Dr. T. der spanischen Polizei. Die Leiche von Frau T. wurde nie gefunden. Dr. T. veröffentlichte eine Todesanzeige und ließ sogar einen Grabstein („In Gedenken an Anna T. Ihr Leben war Helfen") aufstellen, um die Versicherung zu beeindrucken. Doch da tauchte die „Leiche" in der Schweiz auf und wurde später am eigenen Grab verhaftet.

**Abgetaucht.** Rechtsanwalt Gunter N. war mit 750 000 DM verschuldet. Da fuhr die Familie ans Mittelmeer. Von einem Schnorchelausflug vor einer jugoslawischen Insel tauchte er nicht wieder auf. Seine Frau und die beiden Kinder trauerten echt um den ertrunkenen Familienvater. Der setzte sich derweil mit falschem Paß und veruntreuten Mandantengeldern in Höhe von 42 000 Mark in die USA ab. Sechs Wochen nach seinem Verschwinden meldete sich der Totgeglaubte telefonisch bei seiner Frau, die aus allen Wolken fiel: „Ich bin's. Ich bin im Ausland, mir geht's gut. Kümmere dich darum, daß die Versicherungen zahlen." 700 000 Mark hätten diese für den Toten auf den Tisch legen müssen. Damit wollte er im Ausland ein neues Leben beginnen. Frau und Kinder sollten nachkommen. Aber die Ehefrau hatte genug, sie erstattete Anzeige.

**Seefraugarn.** Eine Nordseetouristin berichtete der Polizei, ihr Mann sei mit dem Boot hinausgefahren und spurlos verschwunden. Das Ganze entpuppte sich später als Versicherungsschwindel. Was das Betrugspaar nicht wußte: Vermißte werden erst nach einigen Jahren für tot erklärt – und erst dann hätte die Lebensversicherung gezahlt.

**Opa-Police.** Ein griechischer Gastarbeiter versicherte seinen zu Hause lebenden Vater. Zwei Jahre später kam der Vater bei einem Unfall um. Das griechische Konsulat übersandte die beglaubigte Übersetzung eines ärztlichen Attestes, wonach der Versicherte auf der Haustreppe gestürzt sei. Trotzdem recherchierte ein Detektiv. Der Gag: Nicht der versicherte Vater des Gastarbeiters, sondern sein Großvater war verunglückt – aber schon viele Jahre vorher. Erst nach dem tödlichen Sturz des Großvaters war der Gastarbeiter auf die Idee gekommen, eine Versicherung abzuschließen.

**Eifersuchtsanzeige.** Im Ausland stirbt sich's leichter, dachte ein junges Ehepaar in Großbritannien. Der Mann, ein Hongkong-Chinese, schloß eine hohe Lebensversicherung ab und begünstigte seine englische Frau. Danach reisten beide in die Heimat des Mannes, wo der versicherte Ehemann plötzlich „verstarb". Die Witwe kehrte mit Sterbeurkunde zurück und kassierte die Versicherungssumme von mehr als einer halben Million DM. Sie blieb in England und genoß das süße Leben. Auch beschwörende Briefe ihres Mannes bewegten sie nicht zur Rückkehr. Die Eifersucht des Chinesen war schließlich größer als seine Furcht vor Bestrafung. Der amtlich für tot Erklärte reiste nach England, machte seiner Frau eine Szene und ließ den Versicherungsschwindel auffliegen. Weil er sich selbst angezeigt hatte, erhielt der betrogene Betrüger eine Gefängnisstrafe von nur einem Jahr, die lustige Witwe hingegen mußte für zwei Jahre hinter Gitter.

**Däumling.** Wegen eines Verkehrsunfalls erhielt ein Inder von einer Versicherungsgesellschaft monatlich bis ans Lebensende eine Rentenzahlung. Das Geld ging per Scheck ein. Da der Mann nicht schreiben konnte, mußte er den Empfang des Schecks mit seinem Daumenabdruck bestätigen. Als der Mann schließlich starb, fiel es der Familie schwer, auf die regelmäßige Geldeinnahme zu verzichten. Bevor die Leiche bestattet wurde, schnitt man ihr den Daumen ab und legte ihn in eine Formaldehydlösung. Dort blieb er erhalten und konnte für mehr als zwei Jahre zur Quittierung des Scheckeingangs benutzt werden.

**Nix türkisch.** Mehmet Ö., türkischer Gastarbeiter, hatte alles raffiniert geplant: Bei 12 Gesellschaften vereinbarte er bewußt nur kleine Lebensversicherungen mit höchstens 10 000 DM. Dann starb er – zumindest laut Sterbeurkunde eines Arztes aus Istanbul. Die „Witwe" kassierte überall die fälligen Leistungen. Der Coup kam auf, als sich bei einer Verbandstagung der Lebensversicherer ein paar Teilnehmer über das Sprachproblem bei Sterbeurkunden aus der Türkei unterhielten. Alle waren von Mehmet Ö. gelinkt worden.

**Kripo-Falle.** Karin S. legte mehreren LV-Versicherern gefälschte „Sterbepapiere" ihres Mannes aus Pakistan vor. Eine Gesellschaft durchschaute den Trick und teilte – in Kooperation mit der Kripo – der Frau mit, daß die Summe aus juristischen Gründen nur in Deutschland ausgezahlt werden kann. Prompt reiste die Frau samt ihrem „verstorbenen" Mann ein. Sie wurde am Frankfurter Flughafen gleich verhaftet. Die Aktion ging so schnell vor sich, daß der Pakistani nichts mitbekam und zwei Stunden auf dem Airport nach seiner Frau suchte. Dann ging er zur Flughafenpolizei. Die behielt ihn gleich da.

```
DEATH CERTIFICATE AS PER RECORD OF
LAHORE MUNICIPAL CORPORATION (PAKISTAN)
FOR THE YEAR  1988
```

| | |
|---|---|
| Entry date of death: | 7.4.1988 |
| Date of death:. | 29.3.1988 |
| Date of birth: | 16.7.19■■ |
| Place of birth: | Lahore |
| Name of deceased: | ███████ |
| Father's Name of deceased: | ███████ |
| Sex: Male/Female: | Male |
| Cause of death: | Accident |
| Place of death: | Shahdara /Lahore |
| Name of Informer: | ███████ |

Head Clerk  12-4-88
Health Department
ATTESTED TO BE TRUE COPY

*Eine perfekt gefälschte Sterbeurkunde aus Pakistan*

**Skelett-Panne.** Ein verschuldeter Boutiquenbesitzer wollte seiner Lebensversicherung den eigenen Tod vortäuschen. An der Brandstätte, ein altes Lagerhaus auf seinem Grundstück, fand man menschliche Knochen, daneben seltsamerweise Drähte. Ermittlungsergebnis: Es handelte sich um ein Skelett, das der Versicherte einige Tage zuvor einem benachbarten Arzt gestohlen hatte.

**Bleihaltig.** Elfriede T. wurde nach einem Sensationsprozeß zu lebenslänglich verurteilt. Ihr Mann und Sohn starben jeweils vier Monate nach einem hohen Versicherungsabschluß. Die Giftmörderin hatte mit Blei-Tabletten im Nachtisch ihre Familie „langsam" ins Jenseits befördert.

**Giftspritze.** In Österreich vergiftete Martha M. nicht nur ihren Mann, sondern auch ihr sieben Monate altes Töchterchen sowie zwei Untermieterinnen – alle zu ihren Gunsten versichert – mit Thallium.

**Abgestürzt.** Jack G. brachte seine Mutter zum Flugplatz in Denver, gab ihr ein sorgsam verschnürtes Päckchen: „Bitte öffne es erst an Weihnachten, es ist eine Überraschung!" Die Überraschung entpuppte sich als eine Zeitbombe. 44 Menschen starben bei dem Absturz. Der Sohn hatte auf dem Airport in Denver per Automat eine Lebensversicherung für seine Mutter über 37 500 Dollar abgeschlossen.

**Telemord.** In Rom wurde die Frau des Geschäftsmannes Giovanni F. erschossen. Eine runde Million (DM) Lebensversicherung war fällig. Seltsam: Die Frau hatte selbst die Lebensversicherung abgeschlossen. Noch seltsamer: Die Police enthielt die Klausel „Zahlbar auch bei Mord". Bei der Beerdigung brach der Ehemann verzweifelt am Grab zusammen – eine schauspielerische Glanzleistung, wie die Polizei später herausfand. Er hatte auf dem Antrag die Unterschrift seiner Frau gefälscht und einen Killer beauftragt, dessen Besuch er seiner Frau telefonisch ankündigte.

**Gekentert.** Besonders brutal ging Versicherungsmörder Julian H. vor. Er versenkte eine Segeljacht, auf der sich seine Frau befand, nachdem er zuvor alle Menschen an Bord erschossen hatte. Der Polizei meldete er eine sturmbedingte Bootskenterung. Der Plan scheiterte, da der Mörder ein Kind „übersehen" hatte, das man später in einem kleinen Rettungsboot fand. Es wurde zu seinem Verhängnis . . .

**Suizid-Krimi.** Ein Krimi hätte die Story nicht besser inszenieren können: Ein hochverschuldeter Genfer Geschäftsmann wollte Selbstmord als Mord tarnen. Er schloß eine hohe Lebensversicherung ab. Dann gab er einem Vorbestraften 450 000 Franken, der dem angeblich schwer Krebskranken eine Spritze mit einer Überdosis Heroin setzte. Bei einem Suizid hätten die Lebensversicherer nur geleistet, wenn der Abschluß einige Jahre – in der Regel drei – vorher erfolgt wäre. Der „Mörder" legte ein Geständnis ab.

**Unerhört.** In Paris hatte sich ein angesehener Kaufmann zugunsten seiner Geliebten hoch versichern lassen. Sie zeigte sich jedoch sehr reserviert. Er schwor mehrfach, sich umzubringen. So ging das ungleiche Verhältnis über Jahre. Da erschoß er sich und sie kassierte. Kein Versicherungsbetrug!

**Umsonst.** Linda H. wiederum, die unter krankhaftem Realitätsverlust litt, wollte einen Selbstmord als Unfall tarnen. In diesem Fall hätte sich die Summe der Lebensversicherung, die sie kurzfristig abgeschlossen hatte, für ihre Kinder verdoppelt. Sie fuhr mit dem Auto in einen Fluß und ertrank. Erste Zweifel hatte die Polizei gleich bei der Bergung: Der Schalthebel stand auf Leerlauf.

**Kismet.** „Hassim K. ist nicht tot, er will nur die Lebensversicherung einstreichen!" Solche Anrufe erreichen die Leistungsabteilungen der Lebensversicherer auch nicht alle Tage. Diesmal war es der anonyme Anruf eines Mitwissers. Die Story: Der 32jährige Nordafrikaner und seine Frau, beide in Essen lebend, brauchten Geld und die dazu passende Beschaffungsidee. Erst wurde eine hohe Lebensversicherung abgeschlossen, dann flog Hassim K. nach Kairo, „besorgte" sich eine Todesbescheinigung über sein eigenes Ableben bei einem Verkehrsunfall. Die „Witwe" legte alle Papiere vor und bekam 130 000 DM. Als das Geld fort war, wiederholte man die Masche – diesmal mit 210 000 DM. Doch dann kam der ominöse Anruf dazwischen . . .

**Stiermord.** Der Landwirt Josef M. schloß für seine Ehefrau eine Lebensversicherung über 900 000 DM ab. Zwei Jahre später schlug er, so die Anklage, seine Frau mit einer Schaufel bewußtlos und ließ dann den 14 Zentner schweren Zuchtbullen los, der das wehrlose Opfer tottrampelte.

**Renten-Neurose.** Friedrich A., Aufzugsingenieur, war fixiert darauf, berufsunfähig zu sein. Es war ihm nicht mehr möglich, die Aufzüge zu testen, d.h. mit ihnen zu fahren. Die Fachleute sprechen hier von einem eigenen Krankheitsbild, der sogenannten Renten-Neurose. Die Betroffenen glauben selbst daran, eine Betrugsabsicht kann nicht unterstellt werden. Als Friedrich A. erfuhr, daß er nicht als berufsunfähig eingestuft wurde, legte sich die Neurose. Friedrich A. geht heute seinem alten Beruf wieder nach.

**Haftversichert.** Ronald F. beantragte eine selbständige Berufsunfähigkeitsversicherung. Ein Alltagsfall. Doch die Anschrift des Versicherungsnehmers in spe war etwas merkwürdig: Es war die einer Haftanstalt.

**Typhus-Blumengrüße.** Der erste Versicherungsmord passierte in Deutschland 1913: Der Frankfurter Drogist Karl H. hatte seine zwei hochversicherten Ehefrauen umgebracht und konnte erst überführt werden, als er dies auch bei seiner dritten Ehefrau versuchte, der er sogar noch ins Krankenhaus mit Typhus- und Cholerabakterien verseuchte Blumensträuße brachte.

# „ALLE ZÄHNE WURDEN GEZOGEN!"

**Tricksereien in der Krankenversicherung**

Auch in der Krankenversicherung sind Betrüger aktiv. Da werden Atteste gefälscht, Krankheiten simuliert, Arbeitsunfähigkeitsbescheinigungen getürkt. Rund geht es auch dann, wenn die sogenannten Leistungserbringer (z. B. Ärzte, Kliniken, Gymnastik-Studios, Optiker, Reha-Institute usw.) selbst mitmachen und mit den Versicherten einträchtig zusammenarbeiten. Für Furore sorgen schließlich die Presse-Schlagzeilen über gekaufte Arzt- und Klinikrechnungen im Ausland, die über die private Krankheitskosten-Police – die ja Weltgeltung hat – abgerechnet werden.

**Krimi-Attest.** Ein Kriminalkommissar aus Essen wurde selbst kriminell: Er fälschte die Atteste vom Polizeiarzt und kassierte insgesamt 30 000 DM von seinem privaten Krankenversicherer und seiner Beihilfestelle.

**Sauna-Versicherung.** Ein Institut für physikalische Medizin kam wegen betrügerischer Manipulationen in 1 200 Einzelverfahren vor den Kadi. Patienten konnten dort z. B. verordnete Leistungen wie Massagen in Saunabesuche umwandeln oder Anwendungen – zum Vorteil beider Parteien – komplett abrechnen lassen, die sie gar nicht genommen hatten. Als ein Patient glaubte, selbst übers Ohr gehauen worden zu sein, deckte er den Schwindel auf.

**Eigentor.** 100 DM Tagegeld hatte Gerold H. aus Bremerhaven abgeschlossen. Davon wollte er auch was haben. Nach einem Unfall war er einige Zeit arbeitsunfähig. Als er wieder fit war, wollte er weiter kassieren und fälschte die ärztlichen Arbeitsunfähigkeitsbescheinigungen. Wegen einer Zusatzinfo rief der Sachbearbeiter des Versicherers bei Gerold H. zu Hause an. Die ahnungslose Ehefrau am Telefon: „Mein Mann ist schon seit zwei Monaten wieder im Büro!"

**Weißmacher.** Karin Weiß hatte einen Haushaltsunfall, den sie dem Versicherer meldete. Die ärztliche Bescheinigung war beigefügt. Ein Alltagsfall – wenn nicht der Sachbearbeiter den Namen der Kundin so genau angeschaut hätte: Einmal schrieb sie „Weiß", dann wieder „Weiss". Da wurde der Sachbearbeiter mißtrauisch. Ergebnis der Recherchen: alles getürkt!

## KRANKENHAUS ▓▓▓ RG GMBH
Klinik für Traumatologie und Chirurgie des Bewegungsapparates
Chefarzt: Priv.-Dozent Dr. med. ▓▓▓
– Arzt für Chirurgie – Unfallchirurgie –

▓▓▓burg den 29 ▓▓▓
R▓▓▓gstraße 49
Fernruf: ▓▓▓ • 1030 • Durchwahl 103

### Ärztliche Bescheinigung.

Betr.: Frau Elsa ▓▓▓ geb. 13.06.38, wohnhaft ▓▓▓ef, Kaiserstr. 21.
DAK ▓▓▓f, Unterbringung Regelsatz ohne wahlärztliche Leistungen.

Oben genannte Patientin befand sich vom *24.07.93* bis *29.07.93*
hier in stationärer Behandlung.

DIAGNOSE: 8500
Commotio cerebri 8170
Offene Mittelhandfraktur re. MHK 4 u. 5.

Gebühr: 15,_____ DM

27 07 469
Priv. Doz. Dr. med. ▓▓▓
Arzt für Chirurgie
- Unfallchirurgie -
Krankenhaus ▓▓▓ GmbH

(Stempel und Unterschrift des Arztes)

*) Dieses Attest ist kostenpflichtig.
Form. 3050 Nemayerdruck Mittenwald

*Eine perfekt gefälschte ärztliche Bescheinigung.*

**Zahnersatz-Kungelei.** „Ich habe in meiner gutachterlichen Tätigkeit noch keinen solchen Fall erlebt", schrieb der Sachverständige an das Gericht. Der Fall: Eine Versicherte und ihr Zahnarzt präsentierten einen Zahnersatz-Kostenplan über 28 000 DM, der auch so akzeptiert wurde. Nach zwei Jahren kam die Versicherte wieder mit einem Kostenplan – diesmal über 43 000 DM. Die gesamte Überkronung der Erstbehandlung hätte nicht funktioniert. Aber auch die gemeinsame Kungelei der beiden funktionierte nicht: beide erhielten eine Anzeige.

**Disco-Kranker.** Er stürzte vom Rad, verletzte sich. Der 25jährige Handwerker Norbert S. aus Mühlheim präsentierte Atteste, Krankheitsbescheinigungen en masse. Als es der Versicherung zuviel wurde, erhielt ein Detektiv einen „Besuchsauftrag". Der kam dann auch mit einem hochinteressanten Video zurück: Norbert S. fuhr wieder Rennrad, verrichtete schwerste Gartenarbeit, tanzte bis in die Morgenstunden in der Disco . . .

**Schwesterkrieg.** Bettina R., Krankenschwester, hatte Zugang zu allen Formularen. Immer wenn sie Geld brauchte, fälschte sie die entsprechenden Bescheinigungen (für einen stationären Aufenthalt) und kassierte Krankenhaustagegeld. Und sie brauchte oft Geld: Mal war es der Blinddarm, dann eine Allergie oder eine Frauensache. Weil alles so leicht ging, wurde sie immer aggressiver – bis der Sachbearbeiter eine Bescheinigung enttarnte . . .

## Ärztliche Bescheinigung

Name des Patienten: Konrad /███████  
Straße, Hausnummer: ███weg 28  
Postleitzahl/Wohnort: 37███ ███████  
Geburtsdatum: ███████

1. Um welche Krankheit handelte es sich (bitte genaue Diagnose)?

   *Akute Steißbeinfistel*

2. Wann erkrankte der Patient an dieser Krankheit? **19.9.93**
3. Wann erfolgte die erste Behandlung dieser Krankheit durch Sie? **20.9.93**
4. Handelt es sich um eine Erkrankung, die seit längerer Zeit besteht? ja ☐ nein ☒
   Wenn ja,
   – seit wann?
   – Ist eine gravierende Verschlechterung eingetreten? ja ☒ nein ☐
5. Wann war erstmalig erkennbar, daß der Antritt der Reise wegen des Gesundheitszustandes nicht zumutbar war? **20.9.93**

Raum für Bemerkungen

*Stationäre Behandlung für ca. 3-4 Tage notwendig*

███████, 22.9.93  
Ort und Datum

Evangelisches Krankenhaus  
███████████  
Stempel und Unterschrift des behandelnden Arztes

*Die akute Steißbeinfistel war erfunden,*  
*der Krankenhausstempel geklaut.*

**Brückentausch.** Ein Zahnarzt aus Mannheim berechnete einem Freund pro forma eine Brücke über 22 000 DM. Dieser wiederum kaufte vom Versicherungsgeld eine Orient-Brücke, die er der Zahnarzt-Gattin vermachte.

**Aktentod.** Ein Sachbearbeiter einer Versicherung ließ 145 Mitglieder den Aktentod sterben. Das nach dem Tode des Mitglieds fällige Sterbegeld leitete der findige Angestellte auf ein eigenes Girokonto bei seiner Bank. So erschwindelte er sich an die 200 000 DM. Er wurde festgenommen, als er bei seiner Bank das gerade eingegangene Sterbegeld eines noch lebenden Mitglieds abheben wollte.

**Gegenseitigkeitsverein.** Zwei Ärzte aus dem Rheinland schrieben sich gegenseitig krank. Die Kooperation funktionierte vorzüglich. Man kassierte abwechselnd Tagegelder. Der Sachbearbeiter rief eines Tages in der Praxis des wieder einmal erkrankten Arztes an, da er eine Frage zur Arbeitsunfähigkeitsbescheinigung hatte. Die arglose Arzthelferin am Telefon: „Der Herr Doktor ist doch in Florida – im Urlaub!"

**Fälscherpanne.** Werner P. schickte seiner Gesellschaft eine ärztliche Bestätigung über einen Krankenhausaufenthalt sowie diverse Arztrechnungen. Alles schien o.k. Doch beim Namen der Klinik stutzte der Sachbearbeiter: Er las "Finzenzius"-Krankenhaus. Der Mann hatte schlecht gefälscht. Richtig wäre „Vinzenzius" gewesen.

**Blinddarm-Trick.** Während seiner Auslandsreisen ließ sich ein weltgewandter Betrüger 19mal den Blinddarm herausnehmen und ergaunerte 35 000 DM. Das Original-Organ hat er noch.

**Nervenprobe.** Clever reagierte ein 38jähriger Kaufmann aus Solingen. Er erhielt über einen langen Zeitraum irrtümlich Krankentagegeld – insgesamt 110 000 DM. Als der Versicherer den Fehler entdeckte, meinte der Kunde nur: „Ich habe das Geld auf ein separates Konto überwiesen; ich war neugierig, wie lange es dauert, bis Ihr das merkt!" Das Unternehmen konnte die Summe wegen ungerechtfertigter Bereicherung zurückfordern.

**Reingelegt.** Er war immer häufiger krank. Dr. Carlo X. strich hohe Tagegelder ein. Es wurde jedoch gemunkelt, daß der Mediziner weiter praktiziere. Der Krankenversicherer wollte es genau wissen und setzte einen Detektiv an. Dieser ging als Privatpatient in die Praxis. Prompt schrieb der selbst arbeitsunfähig geschriebene Arzt den kerngesunden Detektiv für paar Wochen krank. Diagnose: Verdacht auf Magengeschwür.

**Rekord-Betrug.** Die Presse schrieb vom „größten Versicherungsbetrug im amerikanischen Gesundheitswesen". Zwei russische Immigranten hatten mit Hilfe gefälschter Rechnungen für medizinische Leistungen, die nie erbracht wurden, im großen Stile abgeräumt. Über 100 Millionen Dollar hatten kalifornische Krankenversicherer schon ausbezahlt.

OWEN RF RBMAN C.C.    (C.K. 90/15911/23)
T/A **CHEMKAY PHARMACY**
GARDENS CENTRE, MILL STREET, CAPE TOWN 8010
PHONE 45-4945, 45-5065

N° 7921     17/2/92   19

MR Thompson
Cash Slip

| | K | C |
|---|---|---|
| 10 x Vital Force | 119 | 86 |
| | | |
| SUB TOTAL | 119 | 86 |
| TAX | | |
| TOTAL | | |
| CHANGE | | |
| FINAL TOTAL | 159 | 86 |

COD

ENVELOPE
NO.........

*Pegasus*

*Ein vorübergehend in Südafrika arbeitender Privatversicherter fälschte diese Medikamenten-Rechnung geschickt. Ursprünglich stand darauf eine Arznei zu 19,86 Rand. Vor dem Medikament malte er „10x" und vor dem Betrag eine „1".*

**Ruhrfantasie.** 3000 DM Tagegeld und 6500 DM Behandlungskosten forderte der Bundesgrenzschutzbeamte Bernd S. für einen 30tägigen Krankenhausaufenthalt in Goa. Diagnose: Amöbenruhr. Dem Sachbearbeiter fiel sofort die völlig überzogene Arzneimittelmenge auf. Über das Generalkonsulat in Bombay kam heraus: Es gab bei der genannten Adresse weder den Arzt Dr. Parker noch das Parker Maternity Hospital – nur eine kleine Dorfbäckerei.

**Zahnausfall.** Horst L. flog in die USA. Er schaute aus dem Fenster, biß auf ein Bonbon, da passierte es: Er brach einen Vorderzahn aus, dann breitete sich in Windeseile eine Wurzelentzündung aus – mit der Folge, daß ihm später der Zahnarzt Dr. Crafton 16 Zähne extrahieren mußte. Die abenteuerliche Story veranlaßte das Assekuranzunternehmen zur Nachforschung. Und siehe da: Horst L. erfreut sich noch heute seines gesamten Zahnbestandes ...

**Gratissex.** Ein Bangkok-Urlauber ließ sich in einem Massagesalon in der berüchtigten Patbong Road ausgiebig verwöhnen. Finanziert wurde der Bordellbesuch durch eine gekaufte fingierte Arztrechnung einer „Bangkok Medical Clinic". Die Versicherung, der er zu Hause diese Liquidation zukommen ließ, kannte die Adresse schon.

**No English.** Ein wohl wenig englischsprechender deutscher Tourist legte seiner privaten Krankenversicherung eine Arztrechnung aus den USA über 2000 Dollar vor. Er hatte hinter dem Betrag

CLINIC! JAMES A. , DDS
5601 BROOKWOOD TERRACE
 TN  37205  Tel: (615)

| DESCRIPTION | CHARGE |
|---|---|
| INITIAL ORAL EXAM | 12.00 |
| PANORAMIC FILM | 44.00 |
| EXTRACT SINGLE TOOTH | 50.00 |
| EXTRACT SINGLE TOOTH | 35.00 |
| EXTRACT SINGLE TOOTH | 35.00 |
| EXTRACT SINGLE TOOTH | 35.00 |
| EXTRACT SINGLE TOOTH | 50.00 |
| EXTRACT SINGLE TOOTH | 50.00 |
| EXTRACT SINGLE TOOTH | 50.00 |
| EXTRACT SINGLE TOOTH | 35.00 |
| EXTRACT SINGLE TOOTH | 50.00 |
| EXTRACT SINGLE TOOTH | 35.00 |
| EXTRACT SINGLE TOOTH | 35.00 |
| EXTRACT SINGLE TOOTH | 50.00 |
| EXTRACT SINGLE TOOTH | 35.00 |
| EXTRACT SINGLE TOOTH | 35.00 |
| EXTRACT SINGLE TOOTH | 35.00 |
| EXTRACT SINGLE TOOTH | 35.00 |
| IMMEDIATE UPPER DENT | 550.00 |
| LOWER CAST PARTIAL | 575.00 |

```
*****   TOTAL CHARGES    *****         1831.00
*****   TOTAL PAYMENTS   *****

*****   GUARANTOR ACCOUNT BALANCE   ******
```

This patient entered our office 7/13/93 with a broken front tooth. This occured while traveling from Germany to the U.S. Upon exam the patient had generalized periodontial and periapical infection involving all but 4 teeth. Therefore it was necessary to begin immediate treatment for Mr. .

James A. ████ DDS

*16 Zähne mußten einem deutschen Touristen in den USA gezogen werden. Das war dem Versicherer zuviel. Er bewies: No tooth was extracted.*

200 Dollar fein säuberlich eine Null gemalt. Allerdings übersah er den handschriftlichen Vermerk auf der Liquidation „Paid twohundred Dollars".

**Spanisch.** Nach einem Mexiko-Urlaub reichte Bettina B. ihrem Krankenversicherer einige Arztrechnungen ein. Diese Arztliquidationen erwiesen sich jedoch als Strafzettel für Falschparker. Die nicht spanisch sprechende Frau war auf einen „Rechnungsverkäufer" hereingefallen.

## „IM NAMEN DES VOLKES!"

**Mauscheleien beim Rechtsschutz** Versicherungsnehmer tun sich schwer, mit ihrer Rechtsschutz-Police krumme Dinger zu drehen. Denn die Gesellschaften rechnen im Schadenfall nicht mit den Kunden direkt ab, sondern z. B. mit dem Anwalt. Eine andere Sache ist es, wenn sich Kunde und Anwalt zusammentun oder Anwälte allein vom Pfad des Rechts abweichen.

**Instanzenkiller.** Anwalt Dietrich M. war ein Kenner im Verkehrsrechtsschutz. Immer wenn Bußgeld-Sünder bei ihm auftauchten, zog er alle Register: Er verfolgte jede Spur, nahm x Termine wahr, lehnte jeden Vergleichsvorschlag des Richters ab, ging durch alle Instanzen. Wenn alle Rechtswege erschöpft waren, präsentierte er den Rechtsschutz-Versicherern saftige Honorarrechnungen, von denen auch die Versicherten profitierten.


**Bruderhilfe.** Martin S. hatte Streit mit den Nachbarn. Mit der Rechtsschutz-Police im Rücken wurden alle Rechtsmittel eingelegt. Erst nach dem Prozeß stellte der Versicherer fest, daß Martin S. gar nicht versichert war. Er hatte auf der Police des Bruders prozessiert.


**Lottostreit.** Ein Geschäftsinhaber wollte seine Angestellte verklagen, die seinen Lottoschein vergessen hatte abzugeben. Er hätte so zwei Millionen DM gewonnen. Oberfaul, sagte die Rechtsschutzversicherung und winkte ab. Da beauftragte der Geschäftsmann seinen Anwalt, gegen die Rechtsschutzversicherung auf Deckungszusage zu klagen. Streitwert 2 Millionen DM. Natürlich Klageabweisung.
Aber darum ging es gar nicht. Geschäftsmann, Angestellte und Rechtsanwalt steckten unter einer Decke. Es ging um die Gebühren des Rechtsanwalts, die bei einem Streitwert von 2 Millionen DM sehr hoch waren. Alle drei wollten teilen.

JESUS ist in unser Leben
   getreten!

14. MRZ 1976
P.D WÜRZBUR

Anbei geben wir zu unrecht er-
haltene Leistungen
befreit zurück!

IHM sei Ruhm, Preis u. Ehre
in Ewigkeit!

Mit freudigen Grüßen.

Eine "erlöste" Familie!

**Bußgeldspezialist.** Rechtsanwalt Egon K. ließ sich die Bußgeldbescheide der rechtsschutzversicherten Kunden geben, die er auch prompt selbst bezahlte. Den Versicherern machte er glauben, daß er bei Gericht mit viel Einsatz die Einstellung der Verfahren erreicht hätte und berechnete Gebühren von rd. 1 000 DM je Fall. Diese Masche perfektionierte er so, daß er in 200 Fällen Erfolg hatte. Der Stein kam erst ins Rollen, als eine Gerichtskosten-Rechnung an einen Kunden ging, der glaubte, alles sei längst erledigt.

# „NIMM DEINE GRIPPE JETZT!"

**Gratisreisen auf Versicherungskosten**

„Wo ist es am leichtesten, Schäden ersetzt zu bekommen, die gar nicht oder niedriger aufgetreten sind?" hieß eine der Fragen eines Marktforschungsinstituts. Am leichtesten ist es bei den Reiseversicherungen – so das Ergebnis. In der Tat, hier geht es zur Sache: Teure Koffer verschwinden, reihenweise Autopannen, Reiserücktritte werden fingiert und exotische Klinikrechnungen präsentiert, ganze Fotoausrüstungen fallen Langfingern in die Hände, Ski und Snowboards kommen abhanden, Segelboote gehen unter – die Betrugsvarianten scheinen unerschöpflich. Doch immer mehr werden erwischt.

**Untergewicht.** „Vor dem Flughafengebäude in Malaga haben mich drei Männer überfallen und alles – außer dem Rückflugticket – an sich genommen", schrieb Carlo S. seiner Reisegepäckversicherung. In dem geklauten Koffer war nur das Feinste – teure Maßanzüge, exquisite Wäsche und eine komplette Kameraausrüstung, alles durch Quittungen lückenlos belegt. Rund 15 000 DM Verlust! Da forschte der Versicherer nach: Auf dem Flugschein des angeblich total ausgeraubten Passagiers waren nur neun Kilogramm Gepäck eingetragen...

**Chuzpe.** In Österreich versuchte Karl P. Polizei und Versicherung zu leimen. „Auf einem Parkplatz haben Diebe den Außenbordmotor meines Bootes geklaut", gab er an. Kostenpunkt: 4 000 DM. Während der Urlauber seine Reise fortsetzte, ermittelten die Beamten: Bei einer routinemäßigen Kontrolle auf der Tauernautobahn entdeckte eine Patrouille den Bootsmotor im Kofferraum des Wassersportlers.

**Globetrotter.** Anton S. reiste auf Versicherungskosten um die ganze Welt. Sein Trick: Auf den Bahnhöfen gab er einen Koffer bei den Aufbewahrungsstellen auf. Dann versuchte er mit allen Mitteln, ohne Gepäckschein an seinen Koffer zu kommen. Anschließend meldete er den Verlust der Versicherung, der er den jeweiligen Schein vorlegte. Er kassierte hohe Summen, ehe er in Toronto geschnappt wurde.

# Schadenanzeige Reisegepäck-Versicherung

Abhanden gekommenes oder beschädigtes Reisegepäck
– **Hierzu sind Anschaffungsbelege (Rechnungen, Kaufquittungen) möglichst im Original vorzulegen.**

| Gegenstand | Anschaffungspreis DM | Von welcher Firma bezogen |
|---|---|---|
| Sakko / Helm / Hose | 2.145,00 | Dunhill |
| Sakko / Jacke / Blazer / Hose | 3.776,00 | Holy's |
| Foulard/Sommeranzug/brillen | 2.422,40 | Schloer |
| Bekleidung siehe Aufstellung | 2.200,00 | Bonvicini |
| 2 Paar Schuhe | 1.200,00 | Judith MAJOR |
| 8 Borelli – Oberhemden | 2.632,00 | Holy's |
| Unterwäsche, Pyjama | 419,90 | Loden Frey |
| Schuhe, Gürtel, Krawatt. | 1.055,10 | Bally |
| Hosen, Badebekl. Freizeit. | 2.170,00 | Luciano Marino |
| Pullover Boxershorts Westen. | 1.450,00 | BlueDrake Gelussan |
| Unterz. Taschentücher Socken | 391,80 | May u. Edlich |
| 1 Leder-Blouson | 1.350,00 | Residenz Boutique |
| Wert des Lederstücks | ~3000,00 | Messe Offenbach |
|  | **22.320,00** |  |

*20. OKT. 198_*
*Abschr. mit Anl. ......... Anl.*
*.......... DM in Akten Kosten*

*In Mailand auf dem Flughafen ging der Koffer verloren. Natürlich war nur das Edelste drin – vom Dunhill-Sakko bis zur Marino-Badehose. Zu edel, fand der Versicherer und deckte den Betrug auf.*

**Verwechslungspech.** Eine junge Frau schrieb an die Hamburger Polizei: „Ich melde hiermit den Diebstahl meines Fotoapparates Olympus A 2". Das teure Gerät sei aus dem Auto von Freunden gestohlen worden, als man gerade beim Fischmarkt war. Als Zeuge nannte sie ihre Bekannten in Lüneburg. Um sich abzusichern, schrieb sie denen einen Brief: „. . . hoffe ich, daß Ihr mir nicht böse seid, daß ich Eure Namen angegeben habe. Bald schreibe ich, wie alles gelaufen ist . . . " Eine Kopie der Polizeianzeige legte sie bei. Doch es lief schlecht, denn die Betrügerin in spe verwechselte die Briefumschläge. Die Bekannten erhielten die offizielle Diebstahlanzeige, die Polizeibeamten das Bekennerschreiben . . .

**Mausefalle.** „Der teure Ohrring meiner Frau wurde gestohlen", meldete ein Kunde seiner Versicherung. Diese bat, den zweiten Ohrring zum Vergleich einzuschicken. Da kam der Kunde auf eine geniale Idee: Er verschickte in einem Umschlag eine lebende Maus. Die werde, so sein Plan, den Umschlag aufnagen; durch dieses Loch wäre dann der Ohrring herausgefallen. Doch die arme Maus wurde leider durch einen unsensiblen Postbeamten beim Abstempeln erschlagen.

**Versuchsballon.** Im Hotel Playa del Sol auf Fuerteventura wurde die Terrassentür aufgebrochen und das gesamte Reisegepäck dem deutschen Touristen Werner K. gestohlen. So die Darstellung des Versicherten. Bestätigungen des Hotels und der Polizei waren nicht beigefügt. Ein kurzes Telefonat mit dem Hotel ergab: Werner K. hatte im dritten Stock (ohne Balkon oder Terrasse) gewohnt. Der Versuchsballon platzte schnell!

**Freudscher Versprecher.** In einer manipulierten Reisegepäck-Schadenanzeige hatte ein Urlauber unwissentlich die Wahrheit gesagt, wie es sich später herausstellen sollte. Er schrieb: „Der Einbrecher hat aus unserem Hotelzimmer alles geklaut, was wir ihm hingelegt hatten."

**Streikfolgen.** „Durch den Lotsenstreik wurde mein Fluggepäck umdirigiert und ging dann verloren." Der Geschädigte kam persönlich zum Reiseversicherer und machte den Kofferverlust mit begründeten Angaben glaubhaft. „Wenn Sie die 5 200 DM gleich regulieren, kann ich Ihnen eine extrem billige Reise nach Kreta besorgen" – mit dieser Offerte an den zuständigen Sachbearbeiter machte er sich aber gerade verdächtig. Der begann zu recherchieren und entlarvte den Schwindler.

**a.a.d.** Er sei bei einer Busreise in Spanien bei einem Unfall gegen einen Sitz geschleudert und habe dabei ein Auge eingebüßt. Viele Unterlagen waren beigelegt. Es ging um Unfalleistungen und Krankenhaustagegeld. Alles schien glaubhaft. Mehr zufällig stieß der Prüfer bei einer Diagnose auf den Zusatz „a.a.d.". Keiner konnte sich einen Reim darauf machen. Doch einer wußte es. Es war die lateinische Abkürzung für „ante annos duos" (vor zwei Jahren). Die Erblindung, so stellte es sich dann heraus, war bereits vor zwei Jahren passiert.

**High noon.** Wie ein routinierter Western-Schriftsteller motzte Chilereisender Wolfgang K. seine Schadenmeldung auf. Er habe die Hacienda eines Freundes besucht und dabei mal vergessen, Koppeltore zu schließen. Prompt seien 80 Rinder ausgebrochen und hätten die Maniok- und Teeplantage dem Erdboden gleich gemacht. Das Protokoll des Friedensrichters war beigefügt. Ebenso jede Menge Zeugenaussagen. Auch die Polizeibestätigung, daß Wolfgang K. vorübergehend im Gefängnis saß, fehlte nicht. Klarer Fall also für die Reise-Haftpflichtversicherung. Doch der zuständige Schadenregulierer erinnerte sich noch an seinen Karl May in den Jugendjahren. Rinderzucht, Teeplantage und Maniokanbau – dies konnte, schon der Höhenlage wegen, nie und nimmer zusammenpassen. Und so war es denn auch. Umfangreiche Recherchen widerlegten die Version des Betrügers – immerhin ging es um rd. 400 000 DM.

**Gerädert.** „Die Typen haben alle vier Räder geklaut", rief ein Schutzbrief-Kunde aus Polen bei seinem Versicherer an. Der schickte die Räder nach. In Wirklichkeit hatte der Autofahrer die Räder verscherbelt. Beim dritten gleichen Coup flog er auf.

**Rechnungschaos.** Der 35jährige Beamte Uwe L. hatte zehn Autoschutzbriefe und einen Freund mit Autowerkstatt. Der stellte jede Menge Abschlepp-, Bergungs- und Reparaturrechnungen aus, die jeweils bei den zehn Schutzbriefversicherern eingingen. Doch die umfangreichen Koordinierungsarbeiten waren, so der Betrüger vor Gericht, zu diffizil. Er verschickte die falschen Rechnungen an den falschen Versicherer. Nachdem er rd. 100 000 DM kassiert hatte, kam er vor den Kadi.

**Disneyland-Stop.** „Kurz vor Paris", schrieb Schutzbriefinhaber Hugo U., „blieb das Auto einfach stehen." Zufällig war es gerade Freitag, so daß die Reparatur auf Montag verschoben werden mußte. Und zufällig war gerade Euro-Disney in der Nähe. Die kinderreiche Familie wußte den Zwangsstop zu nutzen. Das teure Hotel zahlte der Versicherer. Im nächsten Jahr – zur gleichen Pfingstzeit – wiederholte man den Kurzurlaub – mit gleichem Motorschaden, gleicher Werkstatt und gleichem Hotel. Das war dann doch zu offensichtlich.

**Autoschleifer.** Einen seltsamen Autoschaden mußte ein Reiseversicherer in Hannover bearbeiten. Auf einem Parkplatz hätte ein unbekannter Vandale lauter Schleifen in Form einer 8 auf Kofferdeckel, Kotflügel, Türen eines geparkten Autos geritzt. Die Sache roch irgendwie. Ein Detektiv erhielt einen Auftrag. Er nahm zunächst die Werkstatt unter die Lupe. Und traute seinen Augen nicht: In einer Nebenhalle standen lauter Luxuslimousinen mit eingeritzten 8-Schleifen...

**Skisturz.** „Die haben meine teuren Head-Skis vom Auto geklaut", beschwerte sich empört ein Stuttgarter Wintersportler im zentralen Polizeirevier in Innsbruck. Der Polizist nahm die Anzeige auf. Zum Schluß fragte er beiläufig: „Gehört der blaue BMW dort drüben Ihnen?" Der Feriengast bejahte. Auf dem Dachgepäckträger waren die eben als gestohlen gemeldeten Head-Skis festgeschnallt...

*Diese sogenannte Medical Clinic auf den Philippinen war Absender so mancher gesalzenen Krankheitsrechnung, die deutsche Touristen dann zu Hause einreichten. In dieser Clinic gab es einen kleinen Raum mit einer Liege und ein paar Arzneimittel. Die Rechnungen für stationären Aufenthalt konnten sich aber mit denen der Mayo-Klinik messen.*

**Hexerei.** Auf Samos erwischte ihn ein Hexenschuß. Er bekam während seines zweiwöchigen Aufenthalts insgesamt 40 Spritzen, die ein griechischer Arzt fein säuberlich aufgelistet hatte. Der Beratungsarzt des Krankenversicherers konnte nur den Kopf schütteln. Der Versicherte, Armin E. aus Recklinghausen, hätte 40 Spritzen dieses Kalibers nicht überlebt.

**Zu perfekt.** Martin N. wurde unterwegs schwer krank, mußte eine teure Krankenhausbehandlung auf Ischia in Anspruch nehmen. Für solche Fälle sichert man sich natürlich vorher mit einer Auslandsreise-Police. Der Perfektionist wies seinen Krankenversicherer gleich darauf hin: „Bin nirgends krankenversichert, habe keine Vorerkrankung und keinen Hausarzt." Der Hinweis war für Mißtrauische gedacht, die nachforschen wollten. Doch gerade dieser Hinweis verstärkte das Mißtrauen. Ein Anruf bei dem Kurhotel auf Ischia brachte es an den Tag: Martin N. hatte die Behandlung schon lange vorher schriftlich angekündigt.

**Good business.** In einer schummrigen Bar in Manila sprach der Barkeeper einen deutschen Touristen an: „I have a good business for you!" Später, in Deutschland, merkte ein Sachbearbeiter einer Krankenversicherung, was es mit dem „good business" auf sich hatte. Wieder einmal ist ihm eine überhöhte Klinikrechnung mit stereotypen Angaben auf den Tisch gekommen. Zwar sah der Fall ganz normal aus. Diagnose: Magen- und Darminfektion. Aufenthaltsdauer: 8 Tage. Ort: Jackson-White-Star-Hospital. Gesamtbetrag: 2 800 DM. Doch die

# ÖZEL ŞİFA KLİNİĞİ

Kenan Evren Bulvarı No. 59  
Tel : 110790  
Üçkapılar V.D. Ka-17470  
ANTALYA

Datum : 16.10.1991  
Name : ▓▓▓▓  
Geburtsdatum : 29.01.1973  
Land : Mainz/BRD

№ 0412

| | | |
|---|---|---|
| Untersuchung | : | DM-60,- |
| Spritzen | : | DM-90,- (1malx9Tage) |
| Medikamente | : | DM-140,- |
| Krankenwagen | : | DM-90,- |
| Unfusion | : | DM-180,- (1malx9TagexDM-20,-) |
| Wunderband | : | --- |
| Röntgen | : | DM-180,- (4malxDM-45,-) |
| EKG | : | DM-45,- (9TagexDM-5,-) |
| Labor | : | DM-185,- |
| Zimmer | : | DM-900,- (9TagexDM-100,-a.Begleitung) |
| Operation | : | --- (v.08.10.1991-b.16.10.1991) |
| Diagnose | : | Rippenprellung / Nierenprellung |
| Total | : | DM-1870,- |

(Eintausendachthundertundziebzig, DM.)

Unterschrift des Arztes

ÖZEL ŞİFA KLİNİĞİ  
Kenan Evren Bulvarı No : 59  
Tel : 110790  ANTALYA  
Üçkapılar V.D. KA. : 17470

*An dieser Krankenhaus-Rechnung aus dem türkischen Antalya ist alles falsch: die Klinik, der Arzt, die Behandlung. Der gewiefte Sachbearbeiter fragte sich zuerst, warum bei einer Rippenprellung neunmal ein EKG gemacht wurde. Der Fall flog bald auf. Ein Türke hatte einen deutschen Touristen in einer Bar angesprochen: „Du billig Urlaub machen in Türkei! Zahlt Versicherung!"*

Recherchen ergaben, daß der Tourist die faule Rechnung für 300 DM gekauft hatte, um sie im Rahmen der Auslandsreise-Krankenversicherung regulieren zu lassen.

**Heia Safari.** Eine überzogene Klinikrechnung sollte dem deutschen Touristen Marek W. den Safari-Urlaub in Kenia finanzieren. Im Verhältnis zur angegebenen Krankheit war der Stationäraufenthalt zu lang, die Arzneien zu viel, die Rechnung zu hoch. Die Mombasa-Connection kannte man schon.

**Beinahe-Millionär.** Den Clou lieferte bislang ein deutsches Ehepaar, das bei 13 privaten Krankenversicherern eine Auslandsreise-Police vereinbart hatte – und dann bei allen Versicherern völlig identische Krankenhausrechnungen aus Chile präsentierte. Es wäre mit einem Schlag Millionär geworden, wenn der Trick geklappt hätte. Bei jedem Einzelunternehmen wurden Unterlagen von über 70 000 DM vorgelegt. Indes: Sämtliche Belege – von der „Diagnostico medico" bis zur Übersetzung des ärztlichen Befundberichts auf Briefbogen der Deutschen Botschaft – waren gefälscht.

**Ausgetrekkt.** Das Attest war echt, die Reise getürkt: Für den Reiserücktritt einer geplanten Abenteuer-Trekkingtour für drei Personen nach Papua-Niugini für rund 60 000 DM sollte der Versicherer aufkommen. Der wies aber nach, daß die Reise beim Veranstalter gar nicht gebucht war und im übrigen nur 9 500 DM pro Person gekostet

Esha Integrated
Dentofacial Center

مركـــز عائشــــة
لجراحة الوجه والفكين وطب الفم والاسنان

# ESHA CENTER
## Fee Chart

| Name: Miss: ███████h Kerstin | | Date: 5/3/94 |
|---|---|---|
| procedure | Qty | Fee |
| Bilateral maxillary cyst currettage and demineralized bone powder placement | | 4500 LE |

154 El-Nile street, ███████ Egypt  Tel ─ 3610288

**PAID**

عيـــادة : ١٥٤ شــــارع النيــــل - العجوزة الــدور الثالـث شقة ٣٠
ت : ٢٨٨.٣٦١ - ٢٤٣.٣٦٠ طوارىء ٧٧٧٤٧٤ ثم ٩٠١٩٢١

*Schon von weitem erkennt der Experte, daß diese Abrechnung aus Ägypten faul ist: eine selbstgefertigte Rechnung aus dem Personal Computer. Auch der Betrag über umgerechnet 2 250 DM für eine Zahnzysten-Behandlung ist utopisch.*

hätte. Der Erkrankte bastelte im Nachhinein mit seinem Reisebüro die Abenteuerreise zusammen, mit deren Rücktritt beide die Versicherung schröpfen wollten.

**Wasser-Fall.** „Ich stand auf einer Rheinbrücke und filmte ein Schleppzug von Frachtschiffen. Da begrüßte mich ein Bekannter von hinten schulterklopfend. Vor Schreck ließ ich die Video-Kamera ins Wasser fallen!" Diese Pechstory kam der Versicherung etwas spanisch vor. Man telefonierte mit der Wasser- und Schiffahrtsdirektion, da solche Schleppzüge in einem Register der Wasserstraßenbehörde erfaßt sind. Und siehe da: An dem Schadentag war kein Schleppzug feststellbar.

**Höllenmaschine.** Ein gigantisches Versicherungsverbrechen plante 1875 der Engländer Alexander K. Er ließ eine Fracht in London auf den Dampfer „Rhein" bringen, eine verpackte Höllenmaschine mit der Sprengkraft von sieben Zentnern Dynamit, die er für 9 000 Pfund Sterling versicherte. Der Dampfer mit seinen 400 Passagieren kam heil in New York an, aber nur, weil der Zünder versagte. Sofort plante der Engländer den gleichen Coup, doch diesmal explodierte die Fracht vorzeitig beim Beladen am Kai und forderte 80 Todesopfer.

# Dt. BÜCHER-TAUSCH-ZENTRALE / BOOKS-Exchange

BTZ plus TIPs + BERATUNG/Dt. Inh.

Exchange of English and German books.

TAUSCH: 2 gegen 1 Buch, ODER: 1 Buch abgeben + da-
2 Bücher (gleich.Art + Stärke) GRATIES LESEN! (GE-
gen Pfand /// EXCHANGE 2 against 1! OR: Bring 1
book and READ 2 FREE!(Same size,Deposit 100%return)
Time: 8-10 + 12-16.00 daily / tägl.

u.v.a.m.,z.B. auch VERLEIH v. Büchern bei 1 B."Ein-
stand!.Ausschank von gut.Bohnen-KAFFE o. richt. Ex-
presso!/Verkauf von Kleinzeug(indisch)Graties In-
formation über alles Mögliche und Unmögliche,z.B.
brauchst Du f.Boss o.Versich. eine"astreine"Krank-
schreib.??Kenne nett.Facharzt+Spezialisten!Nimm
Deine"Grippe"jetzt! u,v.a.m. usw.reinschauen lohnt!

An Str.n.BAGA genau zwischen Kirche+Hotel SHELSTA
BTZ-Schild a.d.Str.!folge Hinweis auf Schild(50m.)
On Rd.to Baga,between Church+Hotel SHELSTA you see
a board of BTZ :follow the directions on it.
Zeiten: Minimum ODER IMMER WENN ZU HAUSE

*Diese „Tourist-Info" mit Lageplan wird in Goa/Indien verteilt. Unter anderem heißt es darin: „Brauchst Du für Boss oder Versicherung eine ‚astreine' Krankschreibung? Kenne netten Arzt und Spezialisten. Nimm Deine ‚Grippe' jetzt!"*

# „MEIN BOXER BISS DEN NACHBARN!"

**Tierische Betrugsgeschäfte**

Tierversicherungen – eine kleinere Sparte, aber auch hier sind Geschäftemacher und Abzocker unterwegs. Edeltiere mit beträchtlichem Wert verschwinden unter mysteriösen Umständen oder verunglücken auf seltsame Art und Weise. Natürlich immer kurz nach Vertragsabschluß: 80% aller Pferdediebstähle etwa ereignen sich im ersten Versicherungsjahr. Die Betrugsvarianten sind zahlreich: Kranke Tiere werden den Versicherern untergeschoben, Notschlachtungen inszeniert, Rinder plötzlich vom Blitz getroffen, Hundebisse serienweise manipuliert, Abstammungspapiere gefälscht, Gefälligkeitsatteste erstellt und sogar ganze Viehbestände absichtlich mit Krankheitserregern infiziert.

**Fisch-Leichen.** Alle Fische tot – so hieß es in der Schadenmeldung, die eine Fischfarm dem Versicherer schickte. Weil die Wasserpumpe ihren Geist aufgab, sei die gesamte Fischbrut wegen Sauerstoffmangels eingegangen. In Wirklichkeit war in die Ansaugöffnung ein toter Fisch manipuliert worden. Die Pumpe lief heiß und versagte dann. Die integrierte Alarmsirene funktionierte zwar, doch zufällig hatte der Fischwärter an diesem Tag frei bekommen.

**Pferdeschreck.** Zwei Hunde einer Spaziergängerin machten sich selbständig und hetzten zwei Pferde, so daß diese in Panik gegen die Koppelbegrenzung sprangen und sich erheblich verletzten. Für Fälle dieser Art hat man eine Hundehaftpflichtversicherung. Wenn aber nix da ist, gibt es auch nix. Möglichkeit: Man stellt diesen Fall als Privathaftpflichtfall dar. Die Spaziergängerin erklärte, sie sei erschrocken und hätte so geschrien, daß die Pferde scheuten. Leider glaubte der Versicherer diese Version nicht, bewies das Gegenteil und gab den Fall dem Staatsanwalt.

**Blitzidee.** Ein Bauer stellte auf einer hochgelegenen Alm fest, daß eine Kuh und ein Kalb fehlten. Sie waren abgestürzt und tot. Die Kadaver wurden mit einem Hubschrauber ausgeflogen. Wer ersetzte dem Landwirt den Verlust? Die Idee: Er mußte den Tierarzt überzeugen, daß die Tiere vom Blitz getroffen wurden. Der Tierarzt hatte zwar einige Zweifel, schrieb der Versicherung: „Es ist anzunehmen, daß . . .". Das Assekuranzunternehmen mußte leisten, obwohl eher anzunehmen war, daß nicht . . .

**Schreibmaschinenkiller.** Der Boxer sprang immer gutgekleidete Herren mit einem Schreibmaschinenkoffer an, der Koffer sauste zu Boden – das Gerät war hin. So jedenfalls entpuppte sich ein Schadenfall, der in regelmäßigen Abständen passierte und die Hundehaftpflichtversicherung in Anspruch nahm. Nicht nur das: Der aggressive Boxer setzte sich auf die Brille des Nachbarn, zerriß den Rock einer Besucherin, biß einen Kollegen und ruinierte mehrere Anzüge. Später stellte sich heraus, daß der Hund kreuzbrav war und keinem etwas antat.

**Beinbruch.** Schadenanzeigen wie „Der Hengst brach sich ein Bein und mußte sofort getötet werden . . ." werden von den Versicherern meist mit Mißtrauen aufgenommen, vor allem dann, wenn die Beinbrüche kurz nach Vertragsabschluß passieren. Max G. aus Rosenheim probierte ebenfalls diesen Trick und wollte die 10 000 DM aus der Tierlebensversicherung kassieren. Doch bereits bei der ersten polizeilichen Vernehmung gestand der Besitzer, den Beinbruch absichtlich herbeigeführt zu haben.

**Transportopfer.** Landwirt Josef K. ersteigerte auf Auktionen Kälber und Schweine und versicherte den Viehtransport auf seinen Hof bei verschiedenen Gesellschaften. Doch auch hier bewahrheitete sich das Sprichwort „Der Krug geht . . .". In Wirklichkeit waren Tiere nicht wie behauptet beim Transport umgekommen, sondern wurden von Josef K. an andere Bauern verkauft.

# Schadenanzeige
## zur Haftpflicht-Versicherung

**Schadendatum**            **Uhrzeit**

*Originalbelege bei Ihnen im Hause*

**Schadenort:**
(genaue Ortsbezeichnung,
gegebenenfalls auch Straße)

**Ausführliche Schilderung des Schadenherganges** (ggf. zur Verdeutlichung des Tatbestandes Skizze beifügen)

*Wie bereits schriftlich angegeben. Ich bin auf meinem Grundstück in ▉▉▉ durch gegangen und erschrocken. Durch meinen Aufschrei sind die Pferde aufgeschreckt. Das weitere Schadensausmaß wurde mir erst bekannt als mein Nachbar Herr ▉▉▉isch zu mir kam.*

**Erfolgte polizeiliche Aufnahme?**    ☒ nein   ○ ja, am:

durch Polizeidienststelle

**Wer hat nach Ihrer Meinung den Schadenfall verursacht/verschuldet?**    *Persönlich*

**Sind Zeugen vorhanden?**    ☒ nein   ○ ja

*Eing.: 2 0. FEB. 19▉▉*
*Sekr. ▉▉*

---

*Haftpflicht-Fallwechsel: In Wirklichkeit hatten die Hunde der Versicherungskundin die Pferde gehetzt, die sich verletzten. Da keine Hundehaftpflicht-Police bestand, wurde daraus flugs ein Privathaftpflicht-Fall konstruiert.*

**Schafsdiebe.** „Die ganze Schafherde wurde gestohlen", hieß es in einer Schadenmeldung eines norddeutschen Schäfers. Der Regulierer ging auf die Pirsch und ließ sich den Ort des Verbrechens zeigen. Nur merkwürdig: Es gab keinerlei Spuren der Tage zuvor weidenden Schafsherde. Der Schäfer hatte einfach nicht damit gerechnet, daß sich die Versicherungsleute den Tatort auch ansehen würden. Der Betrug mit den über 300 Schafen platzte, weil der Versicherer sogar noch nachweisen konnte, wo sich die Herde gerade jetzt aufhielt...

**Schlachtdouble.** Ein Pferdebesitzer, ein Metzger und ein Tierarzt wollten groß absahnen. Das Trio kaufte drei ältere Pferde, die als Schlachtdouble für ihre teuren Turnierpferde dienen sollten. Die alten Rösser stellte man statt der Turnierpferde in die Boxen eines nahegelegenen Gestüts. Am Wochenende wurden alle drei Pferde von dem eingeweihten Metzger notgeschlachtet, der Tierarzt-Kompagnon bestätigte die Notschlachtung. Mit den entsprechenden Formularen wurden dann die Versicherer abgezockt. Die Aktion wurde von dem Trio ein paar mal durchgezogen. Zu oft, meinten die Versicherer und erstatteten Anzeige...

**Ohrensausen.** Sein Rassehund sei völlig gesund, hieß es im Krankenversicherungs-Antrag eines Hundebesitzers. Kaum war der Vertrag perfekt, hagelten die Tierarzt-Rechnungen. Aus einer ging hervor, daß der Hund bereits vor dem Vertragsabschluß wegen einer schweren Ohrenerkrankung behandelt wurde. Dem Versicherer, so zeigte es sich später, wurde ein total krankes Tier untergeschoben.

**Bissig.** Tierhaftpflichtversicherungen wurden schon im letzten Jahrhundert zur Ader gelassen. 1899 hatten ein paar Betrüger in Marseille herausgefunden, daß Pferdedroschken haftpflichtversichert waren. Die Ganoven konstruierten ein Gerät, mit dem sie sich Verletzungen zufügen konnten, die einem Pferdebiß täuschend ähnlich sahen. So passierte es, daß in der Nähe von Droschkenplätzen immer häufiger Schreie ertönten – von angeblich gebissenen Passanten. Den Versicherern fielen die gehäuften Bißwunden auch auf und deckten dann den Schwindel auf. Sechs Betrüger kamen für 3 bis 6 Monate in den Knast.